Katja Kordelle-Elfner
Cordula Lang

Come on – Let's Play!

41 Spiele für den Englischunterricht in der Grundschule

mit Kopiervorlagen

Persen Verlag
Horneburg/Niederelbe

Gedruckt auf umweltbewusst gefertigtem, chlorfrei gebleichtem
und alterungsbeständigem Papier.

1. Auflage 2003
Nach der Neuregelung der deutschen Rechtschreibung

Illustrationen: Sandra von Kunhardt

ISBN 3-89358-**823**-X

Inhaltsverzeichnis

1 **Zu diesem Buch** 5

2 **Tabelle: Übersicht über die Spiele** 6

3 **Spiele** 8

3. 1 **Thema Begrüßung**

How Are You? 8

What's My Name? 9

Puppet Show 10

Who's Speaking? 12

3. 2 **Thema Körper**

Touch the Balloon With Your Body! 13

Say Hello With Your Body! 14

Simon Says 16

Wake Up, Little Lamb! 17

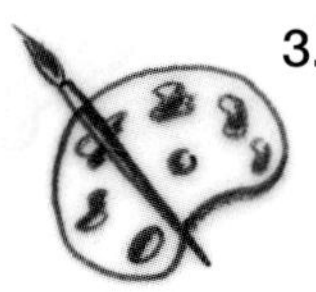

3. 3 **Thema Farben**

Colours 18

Farmer, Farmer 19

Getting Dressed 20

The Eggs Are Wandering * 21

All Balloons 22

3. 4 **Thema Spielsachen**

Colour the Toys! 23

Finding Things 25

Is That Your Toy? 26

Kim's Game * 27

3. 5 **Thema Tiere**

At the Zoo 28

Drawing Animals * 29

Living Memory * 30

Right, Left, up, and Down * 34

Mister Lion 37

Round the Snail * 38

3. 6 **Thema Obst**

Bingo * 39

Feel it, Smell it, Taste it! 44

Fruits in a Basket * 45

Have You Got a Banana for Me? * 46

3.7 **Thema Zahlen**

Come Together! ... 48
Four Corners Game * ... 49
What's My Number? ... 50
Wiggle, Waggle ... 51

3.8 **Thema Uhr**

Toc, toc, toc – It's Twelve o'Clock! ... 52
Fox, What Time Is it? ... 53
What's the Time? ... 54

3.9 **Konzentration und Wahrnehmung**

Button, You Must Wander! ... 55
Lucy Locket ... 57
Ring on a String ... 58
Slap, Clap, Snap ... 59
What's Missing? ... 60
Words With Music ... 61
One Minute Game ... 62

4 **Einfaches Sprachmaterial für den Ablauf der Spiele** ... 63

5 **Bildkarten (Kopiervorlagen)**

5.1 toys ... 65
5.2 zoo animals ... 66
5.3 farm animals ... 67
5.4 pets ... 68
5.5 fruits ... 69
5.6 colours ... 70
5.7 numbers ... 71
5.8 the time ... 72

* Diese Spiele können auch zu anderen Themen eingesetzt werden.

1 Zu diesem Buch

das Motiv:

Mit der Einführung des Englischunterrichts in der Grundschule waren wir als Lehrerinnen immer wieder neu auf der Suche nach geeignetem Spielmaterial, das den besonderen Anforderungen der Fremdsprachendidaktik im Grundschulbereich gerecht wird.

Durch „kontinuierliche Wiederholungen der wesentlichen Wörter und Sätze (bzw. Satzbaumuster) sollen die Schüler zielsprachliche Kommunikationsmuster (z. B. Begrüßungen) und zielsprachliche Sprachmuster intuitiv und reflektierend wahrnehmen." (Ergänzungen zum Bildungsplan Baden-Württemberg, 2001, S. 26)

Da die Kinder die englische Schriftsprache am Anfang des Fremdsprachenunterrichts in der Grundschule noch nicht benutzen sollen, muss das Lernen über die Kanäle des Hörens, Sehens und Sprechens erfolgen.

Für diesen Zweck haben wir Spiele gesammelt und thematisch geordnet, die ohne Schrift und mit geringem Wortschatz auskommen und die außerdem den vorgegebenen engen Zeitrahmen des Grundschul-Englischunterrichts berücksichtigen.

die Zielgruppe:

Alle Kolleginnen und Kollegen, die Englisch in der Grundschule unterrichten. Speziell für den Anfangsunterricht bietet dieses Buch jede Menge Anregungen.

die Anwendung:

Die Spiele wurden im Unterricht erprobt. Sie eignen sich zur Festigung der bereits eingeführten Vokabeln und Redewendungen innerhalb einer Unterrichtssequenz.

Piktogramme für die verschiedenen Themen (Begrüßung, Körper, Farben, Spielzeug, Tiere, Obst, Zahlen, Uhrzeiten, Konzentration und Wahrnehmung) erleichtern das schnelle Auffinden des gewünschten Spielmaterials.

Direkt unter der Überschrift sind die wichtigsten Aspekte für die Planung einer Spielsequenz aufgeführt: **Ziel**, **Ort**, **Durchführung** und **Dauer**. Das jeweils benötigte Sprachmaterial findet sich im Anschluss daran unter der Rubrik **Words** und **Phrases**.

Zudem ermöglicht eine Übersichtstabelle (Punkt 2) mit allen Themenbereichen und den dazugehörigen Spielen und Informationen den schnellen Einsatz des Materials.

Die benötigten Arbeitsblätter, Spielpläne und -karten finden sich jeweils direkt hinter der Spielerklärung. (In den Spielanleitungen wurde bewusst auf die weiblichen Endungen verzichtet, um die Texte lesefreundlicher zu gestalten.)

Zu den meisten Spielen gibt es Tipps und Variationsmöglichkeiten, denn viele eignen sich z. B. auch zur Festigung von Vokabeln anderer Themenbereiche.

Nützliche englische Redewendungen, mit denen die Spiele organisiert werden können, sind unter Punkt 4 aufgelistet.

Im Anhang (Punkt 5) finden sich noch Bildkarten zu einzelnen Themen, die sowohl bei der Einführung der Begriffe als auch für Spielvarianten verwendet werden können.

Die englischen Wörter unter den Bildkarten sind für den erweiterten Unterricht im zweiten Englischlernjahr gedacht.

Katja Kordelle-Elfner

Cordula Lang

2 Übersicht über die Spiele

Thema	Spielname	Besonderheiten	Ort	Durchführung	Dauer/Min.
	How Are You?	Sprachhandeln	Klassenzimmer	Stuhlkreis	10
	What's My Name?	Sprachhandeln	Klassenzimmer	Stuhlkreis	10
	Puppet Show	Basteln, szenisches Spiel	Klassenzimmer	Klassenverband	beliebig
	Who's Speaking?	Wahrnehmungsschulung	Klassenzimmer	Klassenverband	5–10
	Touch the Balloon With Your Body!	Bewegungsspiel, Hörverstehen	Turnhalle	Klassenverband	10
	Say Hello With Your Body!	Bewegungsspiel, Hörverstehen	Turnhalle	Klassenverband	10
	Simon Says	Bewegungsspiel, Hörverstehen	Klassenzimmer	Klassenverband	5
	Wake Up, Little Lamb!	Wahrnehmungsschulung	Klassenzimmer	Stuhlkreis	10
	Colours	Sprachhandeln	Klassenzimmer	Stuhlkreis	10
	Farmer, Farmer	Bewegungsspiel	Turnhalle	Klassenverband	10
	Getting Dressed	Bewegungsspiel, Hörverstehen	Turnhalle	Klassenverband	10
	The Eggs Are Wandering	Hörverstehen	Klassenzimmer	Stuhlkreis	5
	All Balloons	Bewegungsspiel, Hörverstehen	Turnhalle	Klassenverband	10
	Colour the Toys!	Hörverstehen	Klassenzimmer	Klassenverband	10
	Finding Things	Hörverstehen, Sprachhandeln	Klassenzimmer	Klassenverband	10
	Is That Your Toy?	Sprachhandeln	Klassenzimmer	Stuhlkreis	10
	Kim's Game	Konzentrationsförderung	Klassenzimmer	Klassenverband	10
	At the Zoo	Sprachhandeln	Klassenzimmer	Klassenverband	10
	Drawing Animals	Hörverstehen, Sprachhandeln	Klassenzimmer	Klassenverband	15
	Living Memory	Sprachhandeln	Klassenzimmer	Klassenverband	10
	Right, Left, up, and Down	Hörverstehen, Sprachhandeln	Klassenzimmer	Partnerspiel	10

2 Übersicht über die Spiele

Thema	Spielname	Besonderheiten	Ort	Durchführung	Dauer/Min.
	Mister Lion	Vokabeltraining	Klassenzimmer	Stuhlkreis	10
	Round the Snail	Vokabeltraining	Klassenzimmer	Gruppenspiel	15
	Bingo	Hörverstehen	Klassenzimmer	Klassenverband	15
	Feel it, Smell it, Taste it!	Wahrnehmungsschulung	Klassenzimmer	Partner-/Gruppenspiel	20–30
	Fruits in a Basket	Hörverstehen	Klassenzimmer	Stuhlkreis	10
	Have You Got a Banana for Me?	Basteln, Sprachhandeln	Klassenzimmer	Klassenverband	45
	Come Together! (ZR 1–8)	Bewegungsspiel, Hörverstehen	Turnhalle	Klassenverband	5–10
	Four Corners Game	Rechenspiel	Klassenzimmer	Klassenverband	5
	What's My Number?	Wahrnehmungsschulung	Klassenzimmer	Klassenverband	beliebig
	Wiggle, Waggle (ZR 1–10)	Wahrnehmungsschulung	Klassenzimmer	Stuhlkreis	5
	Toc, toc, toc – It's Twelve o'Clock!	Sprachhandeln	Klassenzimmer	Klassenverband	15
	Fox, What Time Is it?	Bewegungsspiel, Wahrnehmung	Turnhalle	Klassenverband	10
	What's the Time?	Bewegungsspiel	Turnhalle	Klassenverband	10
	Button, You Must Wander!	Wahrnehmungsschulung	Klassenzimmer	Klassenverband	5–10
	Lucy Locket	mit Reim, Bewegungsspiel	Turnhalle	Sitzkreis	10
	Ring on a String	Wahrnehmungsschulung	Klassenzimmer	Klassenverband	10
	Slap, Clap, Snap	Konzentrationsförderung	Klassenzimmer	Stuhlkreis	5–10
	What's Missing?	Wahrnehmungsschulung	Klassenzimmer	Stuhlkreis	5
	Words With Music	Konzentrationsförderung	Klassenzimmer	Klassenverband	10
	One Minute Game	Vokabeltraining	Klassenzimmer	Klassenverband	5–10

How Are You?

Ziel	Ort	Durchführung	Dauer
Begrüßungsformeln anwenden	Klassenzimmer	Stuhlkreis	10 Min.

Phrases: *Hello, how are you today?, Very well, thank you!, Fine, thank you!, So, so!*

Material:

- keins

Spielverlauf:

- Die Schüler sitzen im Kreis. Ein Kind steht in der Kreismitte.
- Das Kind in der Mitte geht auf ein Kind im Kreis zu und stellt die Frage: *„Hello, how are you today?"*
- Der Mitschüler kann drei verschiedene Antworten geben. Vor dem Spiel wird festgelegt, welche Antwort mit welcher Aktivität verbunden ist:

„Very well, thank you!" – Alle Kinder bleiben sitzen und der Spieler in der Mitte fragt ein anderes Kind.

„Fine, thank you!" – Die Kinder rechts und links von dem Befragten müssen die Plätze tauschen.
Das Kind in der Mitte versucht einen Platz zu besetzen.

„So, so!" – Alle Schüler wechseln die Plätze. Wer übrig bleibt, fragt weiter.

What's My Name?

Ziel	Ort	Durchführung	Dauer
sich vorstellen	Klassenzimmer	Stuhlkreis	10 Min.

Phrases: *What's my name?, Are you …?, Your name is …!*

Material:

- Musik

Spielverlauf:

- Die Klasse wird in zwei Gruppen eingeteilt.
- Die erste Gruppe setzt sich mit ihren Stühlen in einen Kreis.
- Die Kinder dieser Gruppe schließen die Augen.
- Die zweite Gruppe wandert zur Musik um den Stuhlkreis herum. Wenn die Musik stoppt, stellt sich jedes Kind hinter einen Stuhl.
- Die stehenden Schüler halten nun den jeweils vor ihnen Sitzenden die Augen zu und fragen: *„What's my name?"*
- Antwortet das Kind richtig (*„Are you …?"* oder *„Your name is …!"*), tauscht das Paar die Positionen.
- Wird falsch geantwortet, behalten beide Kinder ihre Positionen.
- Setzt die Musik wieder ein, wandern die stehenden Schüler wieder um den Stuhlkreis herum.

Puppet Show

Ziel	Ort	Durchführung	Dauer
Sprachkenntnisse umsetzen	Klassenzimmer	Klassenverband	beliebig

Words: beliebig

Phrases: *What's your name?, My name is …, Are you a girl/boy?, I'm a (girl), How old are you?, I'm (nine)., How are you?, I'm fine, thank you!, Do you like (strawberries)?, Yes, I do., No, I don't.*

Material:

- großes Tuch oder Bettlaken

Material je Schüler:

- farbiges Tonpapier
- Buntpapier
- ein Holzstäbchen
- Wollreste
- Klebstoff
- Schere
- Tacker

Vorbereitung:

Zunächst werden die Stabpuppen gebastelt. Dazu schneidet jedes Kind zwei gleich große Kreise (ca. 20 cm Ø) aus Tonpapier aus.

Ein Kreis wird mit einem lachenden Gesicht, der andere mit einem traurigen oder bösen Gesicht aus Buntpapier gestaltet.

Beide Kreise werden mit den Rückseiten aufeinander geklebt, dazwischen wird der Holzstab befestigt.

Ein Haarbüschel aus Wollresten wird an den Kopf getackert.

Spielverlauf:

- Für die Aufführung wird eine „Bühne" hergestellt, indem zwei Kinder ein Tuch in Kopfhöhe zwischen sich spannen.
- Zwei oder drei Schüler lassen nun ihre Stabpuppen über dem Tuch Dialoge miteinander führen. Dabei zeigen sie die dazu passenden Gesichter der Stabpuppen.

Beispiele für Dialoge

DIALOG 1	
Puppe 1:	**Puppe 2:**
Hello, what's your name? Are you Max?	*No!*
Are you Julian?	*Yes!*
How are you, Julian?	*Fine, thank you!* (lachendes Gesicht)
	And how are you, Tom?
So, so! (trauriges Gesicht)	

DIALOG 2	
Puppe 1:	**Puppe 2:**
Good morning, Max!	*Good morning, Cindy!*
How old are you, Max? Are you ten?	*No!*
Are you five?	*No!* (böses Gesicht)
Are you eight?	*Yes, I'm eight!* (lachendes Gesicht)

Tipps und Variationen:

- Das Basteln der Puppen beansprucht nicht so viel Zeit, wenn die Kreise bereits auf Tonpapier vorgezeichnet bzw. kopiert sind.
- Die Puppen können von allen Schülern gleichzeitig verwendet werden, wenn der Lehrer Fragen stellt, die von allen zu beantworten sind. Solche Fragen können z. B. die Vorlieben der Schüler betreffen: *„Do you like strawberries?, Do you like playing football?, Do you like to get up early?“*
- Ihrer Neigung entsprechend zeigen die Kinder dann das lachende oder das traurige/böse Gesicht.

Who's Speaking?

Ziel	Ort	Durchführung	Dauer
Smalltalk üben	Klassenzimmer	Klassenverband	5–10 Min.

Phrases: *How are you?, I'm fine!, How old are you?, I'm (nine), Are you (nine)?, Yes, I am., No, I'm (eight)., Do you like (playing tennis)?, Yes, I like (dogs)., No, I don't like (bananas).*

Material:

- Tuch oder Schal

Spielverlauf:

- Ein Kind steht vor der Klasse und bekommt die Augen verbunden. (Wer das nicht mag, kann sich auch hinter einen Tafelflügel stellen.)
- Der Lehrer zeigt auf einen Schüler, der nun dem Kind vorn eine Frage stellt: *„How are you?"/„Do you like …?"/„How old are you?" …*
- Das Kind versucht den Fragenden an der Stimme zu erkennen. Es antwortet auf die Frage und nennt dabei den Sprecher bei seinem Namen: *„I'm fine, **Steven**!"/„No, I don't like …, **Mary**!" …*
- Hat das Kind den richtigen Namen genannt, darf es noch einmal raten.
- Ist der Name falsch, kommt der Schüler, der die Frage gestellt hat, nach vorn und ihm werden die Augen verbunden.

Tipps und Variationen

- Leichter wird das Spiel, wenn sich die Kinder zunächst auf eine Frage einigen. Dann trauen sich auch zurückhaltendere Kinder zu fragen bzw. zu antworten.
- Um das Spiel schwieriger zu gestalten und um den Ratenden zu verwirren, können die Schüler mit verstellter Stimmen fragen.

Touch the Balloon With Your Body!

Ziel	Ort	Durchführung	Dauer
Körperteile wiederholen | Hörverstehen	Turnhalle	Klassenverband	10 Min.

Words: *back, foot, arm, elbow, hand, finger, head, nose, knee, shoulder, leg*

Phrases: *Touch the balloon with your (legs)!*

Material je Schüler:

- Luftballon

Spielverlauf:

- Alle Kinder erhalten einen Luftballon und blasen ihn auf.
- Der Spielleiter gibt jeweils vor, mit welchem **Körperteil** der Luftballon in der Luft gehalten werden soll, z. B.: *„Touch the balloon with your feet!“*
- Berührt ein Luftballon den Boden, scheidet der Schüler in dieser Runde aus.

Tipps und Variationen:

- Nicht alle Kinder können den Luftballon alleine zuknoten. Der Lehrer oder die Klassenkameraden müssen helfen.
- Schwieriger wird das Spiel, wenn die Angaben *left* and *right* hinzugenommen werden: *„Touch the balloon with your left hands!“*
- Das Spiel kann auch als Partner- oder Gruppenspiel gespielt werden, z. B.: Welche Gruppe schafft es, den Ballon weiterzugeben, ohne dass er den Boden berührt?

Say Hello With Your Body!

Ziel	Ort	Durchführung	Dauer
Körperteile wiederholen | Hörverstehen	Turnhalle	Klassenverband	10 Min.

Words: *hand, belly, back, foot, head, nose, bottom, knee, shoulder, arm, elbow, finger, leg*

Phrases: *Say hello with your (arms)!*

Material:

- Musik
- evtl. Symbolkarten (Kopiervorlage, S. 15)

Spielverlauf:

- Alle Schüler laufen zur Musik durch die Turnhalle.
- Der Lehrer gibt jeweils die Begrüßungsart vor, z. B.: *„Say hello with your knees!“*
- Stoppt die Musik, begrüßen sich die Kinder, indem sie sich vorsichtig mit den Knien berühren.
- Setzt die Musik wieder ein, laufen die Kinder erneut durch die Halle.

Tipps und Variationen:

- Dieses Begrüßungsspiel kann auch im Klassenzimmer gespielt werden. Dort laufen die Schüler um die Tische herum.
- Zur Veranschaulichung können vor dem Spiel die Symbolkarten gezeigt werden.
- Eine Spielvariante kann auch mit verschiedenen Bewegungsarten gespielt werden. Dabei gibt der Lehrer vor: *„Jump like a frog!, Walk like an elephant.“* Die englischen Tiernamen (und die Fortbewegungsart der Tiere) sollten bekannt sein. Es bietet sich an, das Spiel vorher einmal in deutscher Sprache durchzuspielen.

foot to foot

back to back

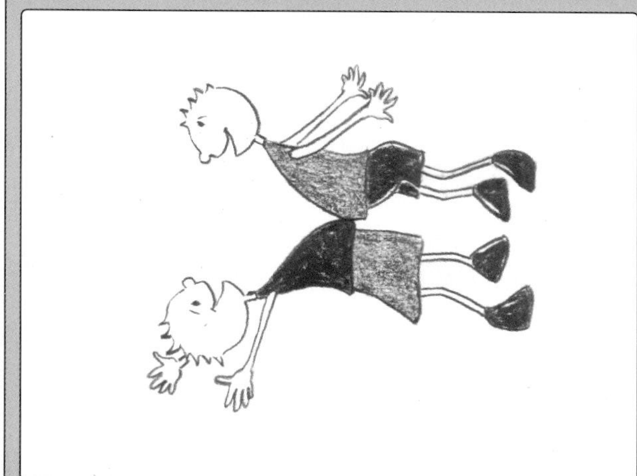
belly to belly

hand to hand

knee to knee

bottom to bottom

nose to nose

head to head

Simon Says

Ziel	Ort	Durchführung	Dauer
nach Anweisungen handeln | Hörverstehen	Klassenzimmer	Klassenverband	5 Min.

Phrases: *Sit down!, Put your arms up!, Turn around!, Touch your nose!, Stamp your feet!, Jump up!, Clap your hands!, Show five fingers!, Sit down on the floor! …*

Material:

- keins

Spielverlauf:

- Alle Schüler stellen sich vor ihren Stuhl.
- Der Lehrer erklärt, dass seine Anweisungen nur dann ausgeführt werden dürfen, wenn sie mit ***Simon says*** beginnen (z. B. *„Simon says: Jump up!"* – Alle Kinder müssen einmal hochhüpfen. Heißt es jedoch nur *„Jump up!"*, darf niemand hüpfen).
- Der Lehrer führt **alle** Handlungen aus, auch wenn er den Zusatz *Simon says* weglässt.

Tipps und Variationen:

- Um ein Nachahmen der Kinder zu vermeiden, kann das Spiel mit geschlossen Augen gespielt werden. Jedoch sollten dabei Anweisungen wie *„Sit down on the floor!"* wegen der Verletzungsgefahr vermieden werden.
- Sechs bis acht Kinder können sich in einer Reihe vor die Klasse stellen. Der Lehrer (oder ein Schüler) gibt ihnen die Anweisungen. Das Kind, das einen Fehler macht, geht an seinen Platz und ein anderes Kind nimmt seine Stelle ein.

Wake Up, Little Lamb!

Ziel	Ort	Durchführung	Dauer
Körperteile wiederholen	Klassenzimmer	Stuhlkreis	10 Min.

Words: *arm, back, ear, foot, hand, head, hair, nose, finger*

Phrases: *Come in, please!, Little lamb is asleep., Wake it up!*

Material:

- Wolldecke

Spielverlauf:

- Die Klasse sitzt im Stuhlkreis. Gemeinsam werden die Körperteile benannt bzw. wiederholt.
- Ein Schüler wird vor die Tür geschickt. Die Klasse wählt ein Kind aus, das das „Lamm" spielen soll. Es legt sich in der Kreismitte auf die Decke und „schläft".
- Die Klasse einigt sich, welcher Körperteil berührt werden soll, damit das „Lamm" aufwacht.
- Das Kind vor der Tür wird hereingerufen und beginnt das „schlafende Lamm" an den verschiedenen Körperteilen zu streicheln.
- Berührt das Kind den vereinbarten Körperteil, wacht das „Lamm" auf und blökt.

Tipps und Variationen:

- Das Gesicht sollte möglichst ausgelassen werden, da es einigen Kindern unangenehm ist, dort berührt zu werden.

Colours

Ziel	Ort	Durchführung	Dauer
Farben benennen	Klassenzimmer	Stuhlkreis	10 Min.

Words: *blue, green, pink, red, yellow, white, stop*

Phrases: *Come in, please!, A (blue) Smartie for …*

Material:

- bunte Smarties oder andere farbige Gegenstände
- ein Tuch

Spielverlauf:

- Die Klasse sitzt im Kreis. Einige Smarties werden in der Kreismitte auf einem Tuch ausgelegt. Gemeinsam werden die Farben benannt.
- Ein Schüler wird vor die Tür geschickt.
- Die Klasse einigt sich auf eine bestimmte Farbe.
- Der Schüler vor der Tür wird hereingerufen. Er zeigt jeweils auf einen Smartie und nennt dabei dessen Farbe. Anschließend darf er den Smartie nehmen. Nimmt er jedoch einen Smartie mit der vorher festgelegten Farbe, ruft die Klasse so laut wie möglich „*Stop!*“
- Der Schüler muss die übrigen Smarties liegen lassen. Die gewonnenen darf er behalten oder austeilen: „*A blue Smartie for …*“

Tipps und Variationen:

- Wer keine Schokolade verwenden möchte, kann andere Gegenstände (bunte Stifte, Bälle etc.) oder kolorierte Bildkarten einsetzen.

Farmer, Farmer

Ziel	Ort	Durchführung	Dauer
Farben und Kleidung benennen	Turnhalle	Klassenverband	10 Min.

Words: clothes: *jumper, shirt, tights, socks, trousers, skirt, dress, shoes, sandals, boots*
colours: *black, blue, brown, green, grey, orange, pink, purple, red, white, yellow*
Phrases: *Farmer, farmer, may I cross your field to get my father's dinner?, Yes, if you have (red socks) on.*

Material:

- keins

Spielverlauf:

- Die Kinder stehen auf der einen Seite der Turnhalle an der Wand.
- Ein Kind, der „Farmer", steht gegenüber von ihnen auf der anderen Seite.
- Die Klasse ruft: *„Farmer, farmer, may I cross your field to get my father's dinner?"*
- Der „Farmer" antwortet z. B.: *„Yes, if you have red socks on!"*
- Nun rennen alle Kinder mit roten Socken los und versuchen die andere Seite der Turnhalle zu erreichen. Der „Farmer" versucht dabei eins der Kinder zu fangen.
- Das gefangene Kind ist der neue „Farmer".

Tipps und Variationen:

- Die Kinder, die gefangen werden, helfen dem „Farmer", die restlichen Kinder zu fangen. Wenn mehrere Kinder Fänger sind, muss festgelegt werden, wer rufen darf.
- Wird das Spiel neu gelernt, kann die Frage zunächst verkürzt gerufen werden: *„Farmer, farmer, may I cross the field?"*

Getting Dressed

Ziel	Ort	Durchführung	Dauer
Farben u. Kleidung wiederholen | Hörverstehen	Turnhalle	Klassenverband	10 Min.

Words: clothes: *jumper, shirt, tights, socks, trousers, skirt, dress, shoes, sandals, boots*

colours: *black, blue, brown, green, grey, orange, pink, purple, red, white, yellow*

numbers: *one, two, three …*

Phrases: *I want to get dressed!, Please, bring me a (blue dress), number (one)!*

Material:

- Karton oder Kiste

Spielverlauf:

- Der Lehrer sammelt im Umkleideraum verschiedene Kleidungsstücke der Kinder ein und packt sie in die Kiste.
- In der Turnhalle werden die Schüler in zwei Gruppen eingeteilt. Dabei erhalten immer zwei Kinder – aus jeder Gruppe eins – die gleiche Zahl zugeteilt.
- Die Kleiderkiste wird am anderen Ende der Turnhalle aufgestellt.
- Wenn der Lehrer ruft: *„I want to get dressed. Please bring me a green shirt, number three!“*, rennen beide Kinder mit der Zahl Drei zur Kleiderkiste.
- Wer das gewünschte Kleidungsstück zuerst hat, liefert es beim Lehrer ab. Diese Gruppe erhält einen Punkt.

Tipps und Variationen:

- Viel Spaß macht es den Kindern, wenn eine Handpuppe das Rufen übernimmt und sich die Kleidungsstücke überstülpt.
- Der Lehrer kann auch ein Köfferchen mit Puppenkleidern mitbringen.

The Eggs Are Wandering

Ziel	Ort	Durchführung	Dauer
Farben wiederholen | Hörverstehen	Klassenzimmer	Stuhlkreis	5 Min.

Words: *black, blue, brown, green, grey, orange, pink, purple, red, white, yellow*

Phrases: *Where is the (red) egg?*

Material:

- Papier- oder Kunststoffeier in verschiedenen Farben
- Musik

Spielverlauf:

- Die Klasse sitzt im Kreis.
- Der Lehrer verteilt mindestens fünf verschiedenfarbige Eier an die Kinder.
- Zur Musik reichen die Kinder die Eier von Hand zu Hand weiter.
- Nach kurzer Zeit stoppt die Musik und der Lehrer fragt: „*Where is the blue egg?*“
- Das Kind, das gerade das blaue Ei hat, hält es hoch.
- Danach setzt die Musik wieder ein und der Lehrer fragt nach den restlichen Eiern.

Tipps und Variationen:

- Wichtig ist, dass nicht zu viele Eier in den Kreis gegeben werden, sonst kommt es unter Umständen zum Stau.
- Rhythmische Musik ist besonders gut geeignet für dieses Spiel: So können die Eier im Rhythmus weitergereicht werden.
- Mit entsprechenden Zahlen- oder Bildkarten kann das Spiel **auch zu anderen Themen** eingesetzt werden.

All Balloons

Ziel	Ort	Durchführung	Dauer
Farben wiederholen | Hörverstehen	Turnhalle	Klassenverband	10 Min.

Words: *blue, green, red, yellow*

Phrases: *(Blue) balloons, only!, All balloons!*

Material:

- blau, grün, rot und gelb kolorierte Farbkarten (Bildkarten: colours, Kopiervorlage, S. 70)
- Musik

Material je Schüler:

- Luftballon (Farben: blau, grün, rot, gelb)

Spielverlauf:

- Alle Kinder erhalten einen Luftballon und blasen ihn auf.
- Der Lehrer hat die vier Farbkarten in der Hand.
- Die Musik setzt ein und alle lassen ihre Ballons schweben. Keiner soll den Boden berühren.
- Die Musik wird gestoppt. Der Lehrer zieht z. B. die rote Farbkarte und ruft: *„Red balloons, only!“*
- Alle Kinder, die einen roten Ballon haben, lassen ihn weiter schweben. Die übrigen fangen ihren Luftballon und halten ihn fest.
- Wenn es heißt *„All balloons!“*, lassen alle Kinder ihre Ballons wieder schweben.

Tipps und Variationen:

- Dieses Spiel kann auch mit farbigen Gymnastikbällen oder Tüchern gespielt werden.
- Um ein Weiterspielen mit den Luftballons zu verhindern, kann abgesprochen werden, dass der Ballon mit beiden Händen über dem Kopf gehalten werden muss.

Colour the Toys!

Ziel	Ort	Durchführung	Dauer
Spielsachen u. Farben wiederholen | Hörverst.	Klassenzimmer	Klassenverband	10 Min.

Words: toys: *doll, teddy bear, ship, book, bike, ball, train, plane, toy car, dice*
colours: *black, blue, brown, green, grey, orange, pink, purple, red, white, yellow*
Phrases: *The (teddy bear) has to be (brown)., Which colour has your (ball)?*

Material:

- Arbeitsblatt (Kopiervorlage, S. 24)
- Bunt- oder Filzstifte

Spielverlauf:

- Die Schüler erhalten das Arbeitsblatt und legen ihre Stifte bereit.
- Der Lehrer gibt nun nacheinander Anweisungen, wie die Spielsachen angemalt werden sollen, z. B.: *„The teddy bear has to be brown."*
- Die Schüler suchen zunächst das genannte Spielzeug und markieren es nur mit einem Strich in der entsprechenden Farbe.
- Im nächsten Schritt werden die Gegenstände von den Schülern angemalt.
- Im Anschluss kann der Lehrer nachfragen: *„Peter, which colour has your teddy bear?"*

Tipps und Variationen:

- Möglich ist auch, die Kinder selbstständig die Spielsachen anmalen zu lassen. Dazu werden vorher die Farben festgelegt, die verwendet werden dürfen. Danach kann nach den Farben gefragt werden: *„Doris, which colour has your ball?"*

MALBUCH

Finding Things

Ziel	Ort	Durchführung	Dauer
Spielsachen benennen | Hörverstehen	Klassenzimmer	Klassenverband	10 Min.

Words: *doll, teddy bear, game boy, ship, bike, farm, puzzle, marble, ball, train, plane, toy car, dice*

Phrase: *Can you find the (toy car)?*

Material:

- Karton oder Kiste mit verschiedenen Spielsachen oder Bildkarten entsprechend dem erarbeiteten Wortschatz

Spielverlauf:

- Die Klasse wird in zwei Gruppen eingeteilt.
- Der Lehrer hat die Kiste mit den Spielsachen vor sich und fragt nun z. B.: *„Can you find the plane?“*
- Der Spieler der ersten Gruppe kommt nach vorn und sucht den Gegenstand aus der Kiste heraus, benennt ihn und gibt ihn dem Lehrer.
- Nun ist ein Spieler der anderen Gruppe an der Reihe.
- Für jeden richtig herausgesuchten und benannten Gegenstand gibt es einen Punkt.
- Wird ein Fehler gemacht, muss der Gegenstand in den Karton zurückgelegt werden, und das andere Team hat die Möglichkeit, den Punkt zu machen.
- Gewonnen hat die Gruppe mit den meisten Punkten.

Tipps und Variationen:

- Das Spiel kann schwieriger gestaltet werden, wenn mehrere gleiche Gegenstände vorhanden sind, die sich jedoch in Farbe oder Größe unterscheiden, z. B.: *„Can you find the **red** ball?“*

Is That Your Toy?

Ziel	Ort	Durchführung	Dauer
Spielsachen benennen	Klassenzimmer	Stuhlkreis	10 Min.

Words: *doll, teddy bear, game boy, ship, toy car, puzzle, ball, plane …*

Phrases: *This is my (doll)., Is that your (plane)?, Yes, it is!, No, it isn't!, Here you are., Thank you!*

Material:

- mitgebrachte Spielsachen der Schüler
- Sack

Spielverlauf:

- Die Kinder sitzen im Kreis und jeder hat sein mitgebrachtes Spielzeug auf dem Schoß.
- Der Reihe nach stellt jeder sein Spielzeug vor, z. B.: *„This is my doll."*
- Danach legen die Kinder ihre Spielsachen in den Sack.
- Nun geht der erste Schüler an den Sack und nimmt ein Spielzeug heraus.
- Er stellt sich vor das Kind, von dem er annimmt, dass ihm das Spielzeug gehört, und fragt: *„Is that your doll?"* Das Kind antwortet entsprechend: *„Yes, it is!"* oder *„No, it isn't!"*
- Ist der Eigentümer gefunden, gibt das Kind ihm sein Spielzeug und sagt: *„Here you are."* Der Eigentümer bedankt sich mit: *„Thank you!"*
- Es wird so lange gefragt, bis alle Spielsachen verteilt sind.

Tipps und Variationen:

- Damit gegen Ende des Spiels das Erraten der Eigentümer nicht zu einfach wird, können die bereits zugeordneten Kinder ihre Spielsachen hinter dem Rücken verstecken.

Kim's Game

Ziel	Ort	Durchführung	Dauer
Spielsachen benennen	Klassenzimmer	Klassenverband	10 Min.

Words: *doll, teddy bear, bike, ship, puzzle, book, farm, ball, train, plane, toy car, dice*

Phrases: *What do you remember?, Please tell me!*

Material:

- auf Folie kopierte Bildkarten: toys (Kopiervorlage: S. 65)
- Overheadprojektor

Spielverlauf:

- Auf dem Overheadprojektor werden verschiedene Bildkarten ausgelegt.
- Die Schüler dürfen diese etwa eine Minute betrachten.
- Danach wird der OHP ausgeschaltet.
- Der Lehrer fragt: *„What do you remember? Please tell me!"*

Tipps und Variationen:

- Dieses Spiel kann auch im Stuhlkreis gespielt werden. Dabei werden Spielsachen auf dem Boden ausgelegt und später mit einem Tuch abgedeckt.
  (Wichtig ist, dass zunächst mit wenigen Teilen angefangen wird.)
- Soll das Spiel in Gruppen gespielt werden, können einzelne Gruppenmitglieder nacheinander Spielsachen benennen. Für jeden genannten Gegenstand erhält die Gruppe einen Punkt.
- Dieses Spiel kann **auch zu anderen Themen** *(fruits/animals/numbers/colours)* eingesetzt werden (siehe entsprechende Bildkarten).
- Für die Freiarbeit eignet sich ein Karton, in dem sich mehrere Gegenstände befinden. Innerhalb einer bestimmten Zeit prägen sich die Kinder die Gegenstände ein. Danach wird der Deckel darauf gelegt und die Kinder malen, was sie gesehen haben.

At the Zoo

Ziel	Ort	Durchführung	Dauer
Tiere wiederholen	Klassenzimmer	Klassenverband	10 Min.

Words: zoo: *zoo director, elephant, monkey, tiger, lion, giraffe, bear, zebra, crocodile, hippo, snake, penguin, dolphin*

farm: *farmer, cow, horse, sheep, pig, dog, cat, duck, goose, donkey, cock, hen, turkey*

petshop: *pet shop owner, cat, dog, hamster, mouse, bird, turtle, fish, guinea-pig, parrot*

Phrases: *Good morning, little (lion)., No, I'm not a (lion)., I'm a (tiger).*

Material:

- keins

Spielverlauf:

- Zunächst werden Tiernamen (Zootiere/Farmtiere/Haustiere) wiederholt. Dabei wird besprochen, wie sie pantomimisch gut dargestellt werden können.
- Jeder Schüler denkt sich ein Tier aus, das er gern sein möchte. Er bewegt sich entsprechend durch das Klassenzimmer.
- Nun kommt der „Zoodirektor“ (Farmer/Ladenbesitzer) und begrüßt die Tiere nacheinander: *„Good morning, little tiger!“ ...*
- Dabei irrt er sich jedoch oft und spricht die Tiere falsch an.
- In dem Fall geben die Kinder einen dem Tier entsprechenden Laut von sich und antworten: *„No, I'm not a tiger! I'm an elephant!“*
- Anschließend gehen die „Tiere“ zurück in ihren „Käfig“ oder „Stall“ (= an ihren Platz).

Tipps und Variationen:

- Die Schüler stehen im Kreis. Ein Kind geht vor die Tür. Die Kinder einigen sich, wer der „Zoodirektor“ sein soll. Dieser hat die Aufgabe, unauffällig eine Tierbewegung vorzugeben, die von den anderen übernommen wird. Der Schüler wird wieder hereingerufen und versucht herauszufinden, wer der „Zoodirektor“ ist. Er fragt: *„Are you the zoo director?“* Das betreffende Kind antwortet: *„No, I'm not!“* oder *„Yes, I am!“*

Drawing Animals

Ziel	Ort	Durchführung	Dauer
Tiere wiederholen | Hörverstehen	Klassenzimmer	Klassenverband	15 Min.

Words: zoo animals: *elephant, monkey, tiger, lion, giraffe, bear, zebra, crocodile, hippo, snake, penguin, dolphin*

farm animals: *cow, horse, sheep, pig, dog, cat, duck, goose, donkey, cock, hen, turkey*

pets: *cat, dog, hamster, mouse, bird, turtle, fish, guinea-pig, parrot*

Material:

- Tafelkreide

Spielverlauf:

- Die Klasse wird in zwei Gruppen eingeteilt.
- Jeweils ein Schüler einer Gruppe kommt zur Tafel und bekommt ein Tier ins Ohr geflüstert.
- Dieses zeichnet er an die Tafel.
- Die Mitglieder seiner Gruppe versuchen das Tier zu erraten.
- Gelingt es der Gruppe, bekommt sie einen Punkt.
- Danach ist die andere Gruppe an der Reihe.
- Gewonnen hat die Gruppe mit den meisten Punkten.

Tipps und Variationen:

- Damit das Spiel nicht zu lange dauert, kann für das Erraten ein Zeitlimit vorgegeben werden.
- Um eventuelle Missverständnisse auszuschließen, kann dem zeichnenden Schüler zusätzlich eine Bildkarte gezeigt werden.
- Die Gruppen können auch gleichzeitig raten, wenn jeweils zwei Schüler an der Tafel zeichnen. Achtung: Der Geräuschpegel wird entsprechend hoch sein.
- Noch unterhaltsamer ist das Spiel, wenn am Overheadprojektor mit einem wasserlöslichen Stift auf einer Folie gezeichnet wird.
- Dieses Spiel kann **auch zu anderen Themen** eingesetzt werden.

Living Memory

Ziel	Ort	Durchführung	Dauer
Tiere/Obstsorten benennen	Klassenzimmer	Klassenverband	10 Min.

Words: animals: *dog, cat, bird, frog, mouse, duck, cow, fish, bear, giraffe, lion, tiger, zebra, crocodile, hippo, elephant*

fruits: *apple, banana, cherry, peach, lemon, orange, grapes, plum, pear, strawberry, pineapple, melon*

Phrases: *Come in, please., What's your animal/fruit?, It's a (zebra).*

Material:

- doppelter Satz Karten: animals/fruits (Kopiervorlagen, S. 31–33)

Spielverlauf:

- Anhand der Karten werden die Tiere bzw. Früchte wiederholt.
- Zwei Schüler werden vor die Tür geschickt.
- Der Lehrer verteilt die Karten an die Kinder und sagt dabei z. B.: *„You are the tiger/lemon."* Die Kinder wiederholen ihr Tier/ihre Frucht.
- Die beiden Schüler werden mit einem gemeinsamen *„Come in, please!"* wieder ins Klassenzimmer gerufen und sollen nun – jeder für sich – die Paare herausfinden, indem sie abwechselnd immer zwei Kinder fragen: *„..., what's your animal/fruit?"* Die Kinder antworten z. B.: *„It's a duck/an orange."*
- Wird ein Paar gefunden, dürfen die beiden Schüler deren Karten an sich nehmen. Gewonnen hat der Schüler mit den meisten Karten.

Tipps und Variationen:

- Es bietet sich an, die Kopiervorlagen mit den Karten auf DIN A3 zu vergrößern, sodass alle Kinder der Klasse die Bilder gut erkennen können.
- Ist sich der Lehrer nicht sicher, ob jedes Kind den englischen Begriff für sein Tier weiß, bietet sich ein kurzes Zwischenspiel an. Dabei fragt der Lehrer z. B.: *„Who's got the cow? Please show me your card!"*
- Das Spiel kann mit entsprechenden Bildkarten **auch zu anderen Themen** eingesetzt werden.

3. 5 Living Memory – KARTEN: animals I

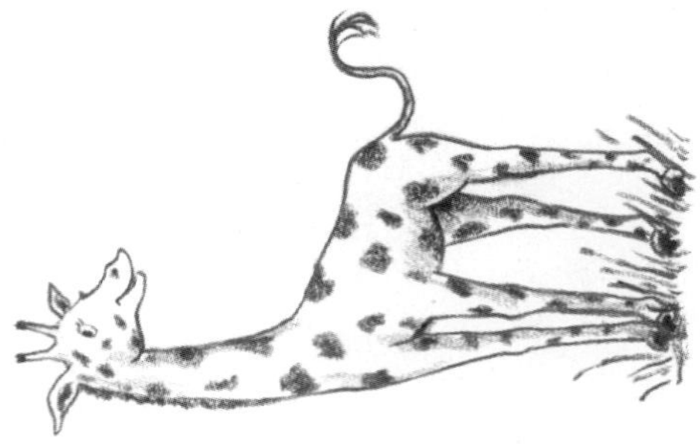

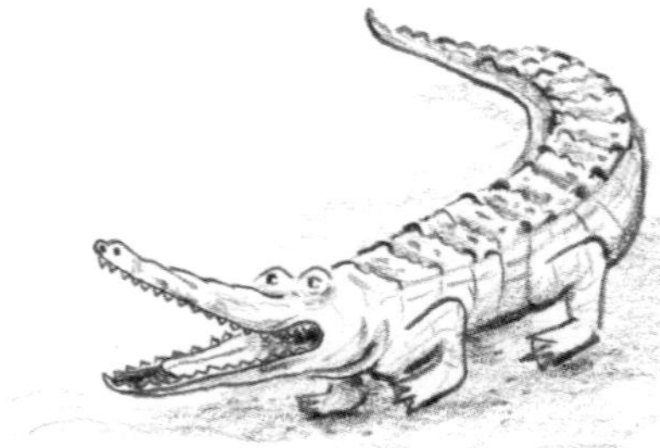

Right, Left, up, and Down

Ziel	Ort	Durchführung	Dauer
Tiere/Spielsachen und Zahlen wiederholen	Klassenzimmer	Partnerspiel	10 Min.

Words: *right, left, up, down*

animals: *bear, elephant, giraffe, hippo, lion, monkey, zebra, crocodile, snake, tiger, penguin, dolphin, dog, cat, horse, cow, pig, sheep, duck, turtle, guinea-pig, fish, bird, mouse, hamster*

toys: *doll, teddy bear, book, ship, train, toy car, plane, dice, cards, ball, game boy, bike, farm, puzzle*

numbers: *one, two, three … ten*

Phrases: *Go (four) steps (left)!, I'm on the (cow).*

Material je Spieler:

- Spielplan: animals/toys (Kopiervorlagen, S. 35/36)
- Spielfigur

Spielverlauf:

- Jeweils zwei Kinder spielen zusammen. Beide erhalten einen Spielplan und eine Spielfigur.
- Die Spielfiguren werden in die Mitte des Spielfelds gesetzt.
- Nun beginnt ein Spieler, indem er zu seinem Mitspieler z. B. sagt: *„Go three steps left!"*
- Beide Spieler ziehen mit ihren Spielfiguren entsprechend der Anweisung.
- Nach 5 bis 8 Anweisungen überprüfen die beiden, ob sie auf dem gleichen Feld gelandet sind. Dabei sagen sie z. B.: *„I'm on the lion."*
- Danach wird gewechselt. Nun gibt das andere Kind die Anweisungen.

Tipps und Variationen:

- Es bietet sich an zwischen den beiden Spielern ein Buch aufzustellen. So ist die Spannung größer, ob am Ende beide auf dem gleichen Feld gelandet sind.
- Das Spiel kann **auch zu anderen Themen** eingesetzt werden. Dabei wird der Spielplan von den Kindern selbst hergestellt, indem sie auf einen Blankospielplan eigene Dinge malen. Es muss jedoch unbedingt abgesprochen werden, welche Dinge auf welches Feld gemalt werden.
- Dieses Spiel kann auch ohne Spielplan auf dem Schulhof gespielt werden. Dabei übernimmt ein Spieler die Funktion der Spielfigur, der andere Spieler erteilt die Anweisungen: *„Go four steps left, now go one step right …"* Richtungsangaben wie *up* and *down* bieten sich in diesem Fall nur an, wenn Treppen oder Klettergerüste vorhanden sind. Dazu müssen jedoch Regeln vorgegeben werden.

3. 5 Right, Left, up, and Down – SPIELPLAN: animals

GAME BOY
MALBUCH

Mister Lion

Ziel	Ort	Durchführung	Dauer
Tiere wiederholen	Klassenzimmer	Stuhlkreis	10 Min.

Words: *elephant, monkey, tiger, lion, giraffe, bear, zebra, crocodile, hippo, snake, penguin, dolphin, cow, horse, sheep, pig, dog, cat, duck, goose, donkey, cock, hen, turkey, hamster, bird, fish, guinea-pig, turtle, mouse, parrot*

Phrases: *Come in, please!, Are you Mr Lion?, No, I'm (an elephant)., I'm the lion, the king of the animals!*

Material:

- keins

Spielverlauf:

- Die Kinder sitzen im Kreis.
- Ein Schüler wird vor die Tür geschickt.
- Der Lehrer bestimmt, wer „Mr Lion“ ist.
- Der Schüler von draußen wird hereingerufen und geht nun im Kreis herum. Er fragt: *„Are you Mr Lion?“*
- Jeder antwortet mit einem anderen Tier, z. B.: *„No, I'm a tiger.“* Die Wahl des Tieres bleibt dem Einzelnen überlassen. Doppelte Nennungen sind zulässig. Jedoch sollte dazu angeregt werden, alle bekannten Tiere zu nennen.
- Kommt der Fragende zu „Mr Lion“, antwortet dieser: *„I'm the lion, the king of the animals!“*
- Nach diesem Satz stehen alle auf und suchen sich einen neuen Platz.
- Da es einen Stuhl weniger gibt als Spieler, bleibt einer übrig. Er geht dann vor die Tür, und das Spiel beginnt von vorne.

Tipps und Variationen:

- Um das Spiel schwieriger zu gestalten, kann der Lehrer die Tiergruppen, die genannt werden dürfen, vorgeben *(zoo animals/farm animals/pets)*.
- Ist ein Schüler noch nicht bereit, mit einem Satz zu antworten, kann dieser auch nur die Tierlaute machen oder das Tier pantomimisch darstellen.

Round the Snail

Ziel	Ort	Durchführung	Dauer
Tiere wiederholen	Klassenzimmer	Gruppenspiel	15 Min.

Words: zoo animals: *elephant, monkey, tiger, lion, giraffe, bear, zebra, crocodile, hippo, snake, penguin, dolphin*

farm animals: *cow, horse, sheep, pig, dog, cat, duck, goose, donkey, cock, hen, turkey*

pets: *cat, dog, hamster, mouse, fish, bird, turtle, guinea-pig, parrot*

Material je Gruppe:

- Spielfiguren
- Würfel
- Bildkarten: zoo animals, farm animals, pets (Kopiervorlagen, S. 66–68)
- Blankokarten o. Ä.
- Süßigkeiten, Sticker o. Ä.

Spielverlauf:

- Die Klasse wird in mehrere Gruppen eingeteilt.
- Jede Gruppe erhält ihr Material und baut ihr Spielfeld in Schneckenform auf. Dazu werden abwechselnd die Bild- und Blankokarten sowie die Süßigkeiten ausgelegt.
- Jeder Spieler stellt seine Figur an den Start (äußerstes Feld).
- Die Spieler würfeln nacheinander und jeder zieht mit seiner Spielfigur entsprechend der gewürfelten Zahl.
- Trifft ein Spieler auf eine
  - **Bildkarte**, muss er das abgebildete Tier auf Englisch benennen. Weiß er das Wort, darf er die Bildkarte nehmen und würfelt weiter. Weiß er das Wort nicht, bleibt er auf dem Feld stehen und der nächste Spieler würfelt.
  - **Süßigkeit**, darf er diese nehmen.
  - **Blankokarte**, bleibt er dort stehen.
- Gewonnen hat der Spieler mit den meisten Bildkarten.

Tipps und Variationen:

- Dieses Spiel kann mit den entsprechenden Bildkarten **auch zu anderen Themen** eingesetzt werden.
- Das Spiel kann statt der Süßigkeiten auch nur mit Bild- und Blankokarten gespielt werden.

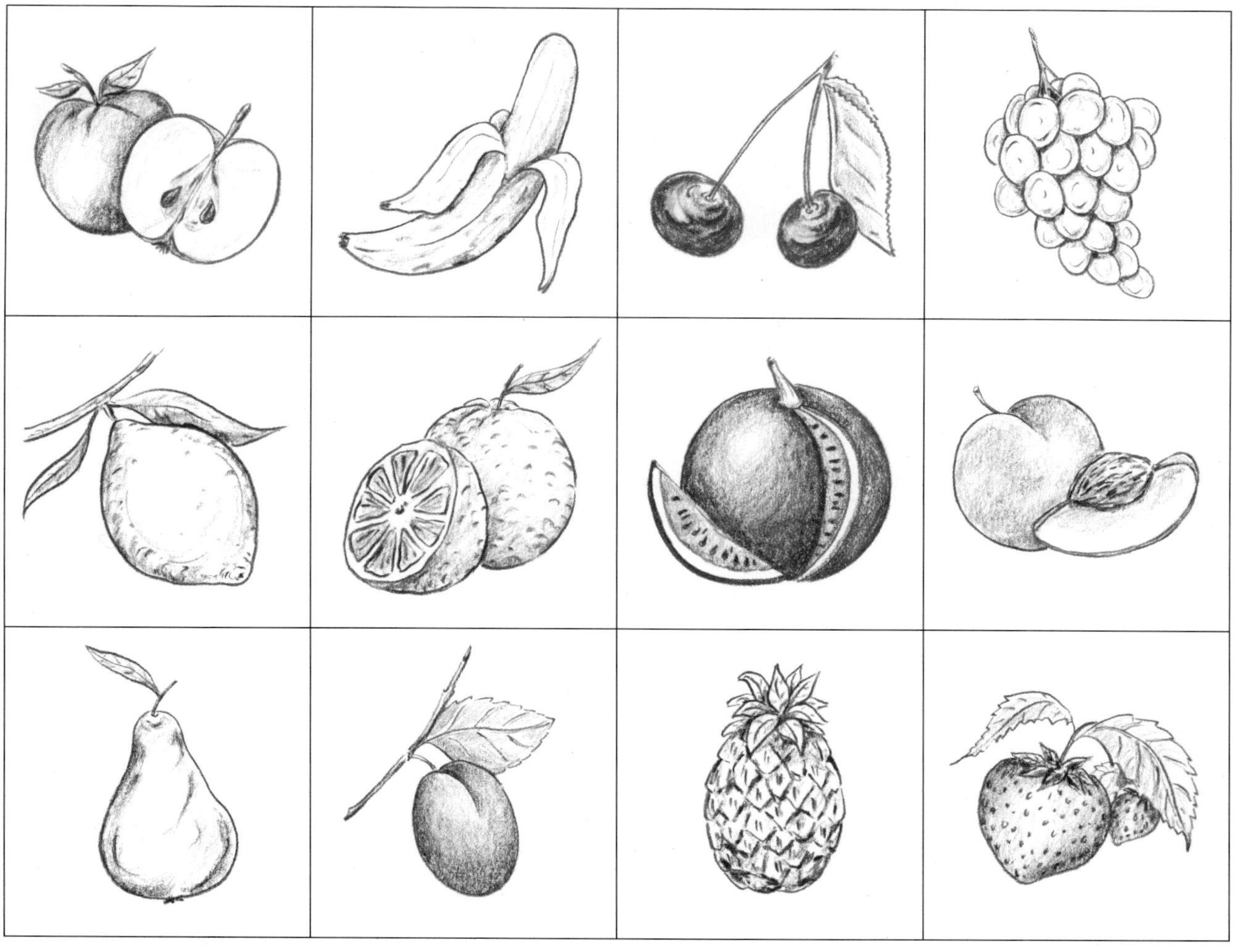

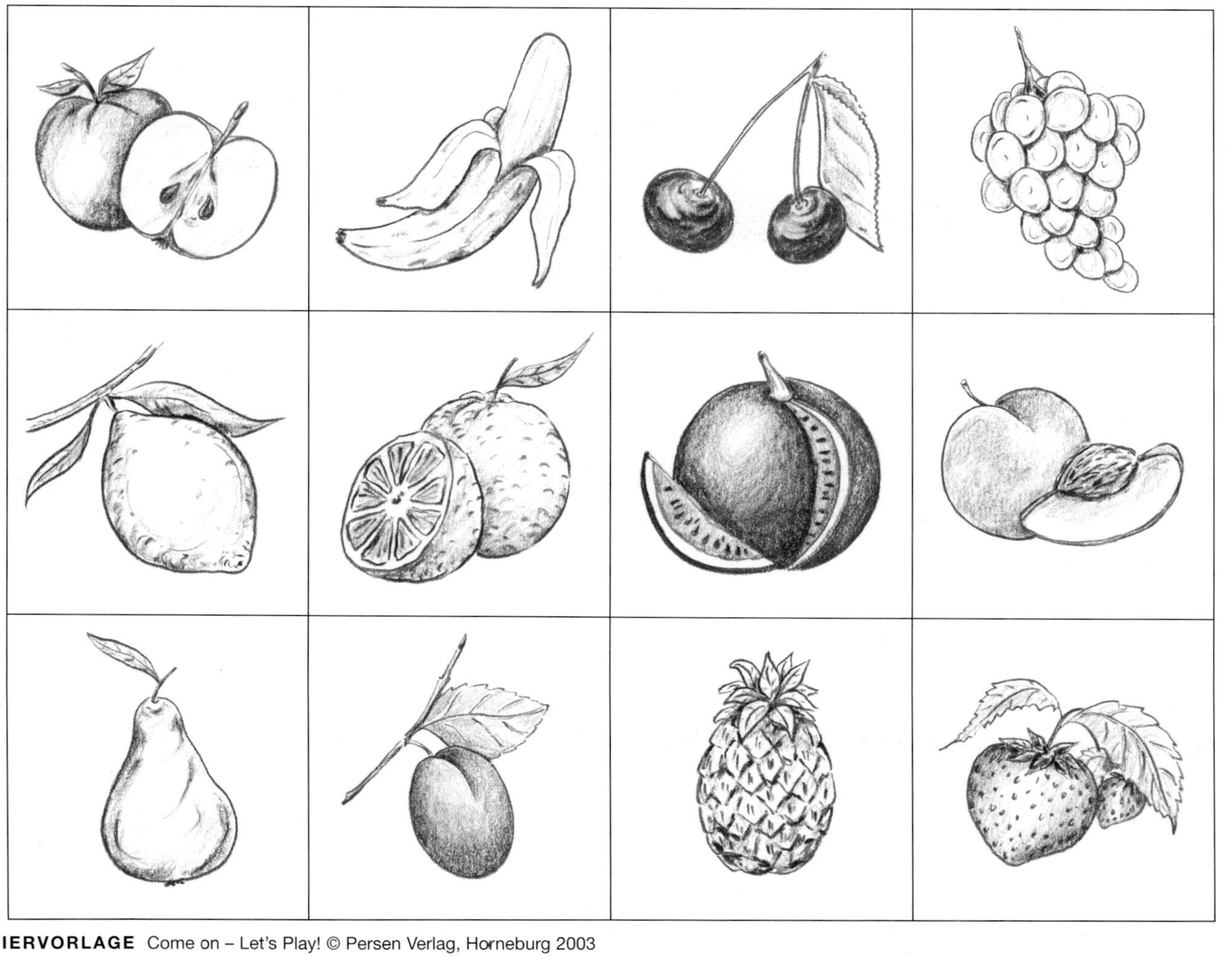

3. 6 Bingo – BINGOKARTEN: zoo animals

Bingo

Ziel	Ort	Durchführung	Dauer
Obst/Tiere/Spielsachen wiederh. | Hörverstehen	Klassenzimmer	Klassenverband	15 Min.

Words: fruits: *apple, banana, cherry, grapes, lemon, melon, orange, peach, pear, plum, pineapple, strawberry*

zoo animals: *elephant, monkey, tiger, lion, bear, giraffe, zebra, crocodile, hippo, snake, penguin, dolphin*

toys: *doll, toy car, teddy bear, dice, ship, book, train, bike, puzzle, plane, ball, cards*

Material je Spieler:

- Bingoplan (Kopiervorlage, S. 40)
- 9 Bingokarten: fruits/zoo animals/toys (Kopiervorlagen, S. 41–43)

Spielverlauf:

- Jeder Schüler erhält einen Bingoplan und 9 Bingokarten. Er legt die Karten auf seinen Plan.
- Der Lehrer nennt nacheinander verschiedene Obstsorten/Tiere/Spielsachen.
- Wer die passende Karte auf seinem Plan liegen hat, darf sie umdrehen oder beiseite legen.
- Es gewinnt das Kind, das zuerst 3 Karten senkrecht, waagerecht oder diagonal in einer Reihe umgedreht bzw. weggenommen hat.

Tipps und Variationen:

- Es empfiehlt sich, das Spiel auf Deutsch einzuführen.
- Damit nicht geschummelt werden kann und es keinen Streit gibt, bietet es sich an, die Karten, die nicht für das Spiel gebraucht werden, weglegen zu lassen.
- Dieses Spiel kann **auch zu anderen Themen** eingesetzt werden. Deshalb ist es ratsam, die Bingopläne zu laminieren.
- Bei einfachen Dingen (*fruits, school things* etc.) können die Kinder die Dinge vor dem Spiel in die Bingopläne zeichnen. Der Lehrer nennt dann einen Begriff und jeder zeichnet das entsprechende Bild in ein Feld seines Bingoplans. Bei dieser Variante benötigt man jedoch wesentlich mehr Zeit.

3. 6 Bingo – BINGOKARTEN: fruits

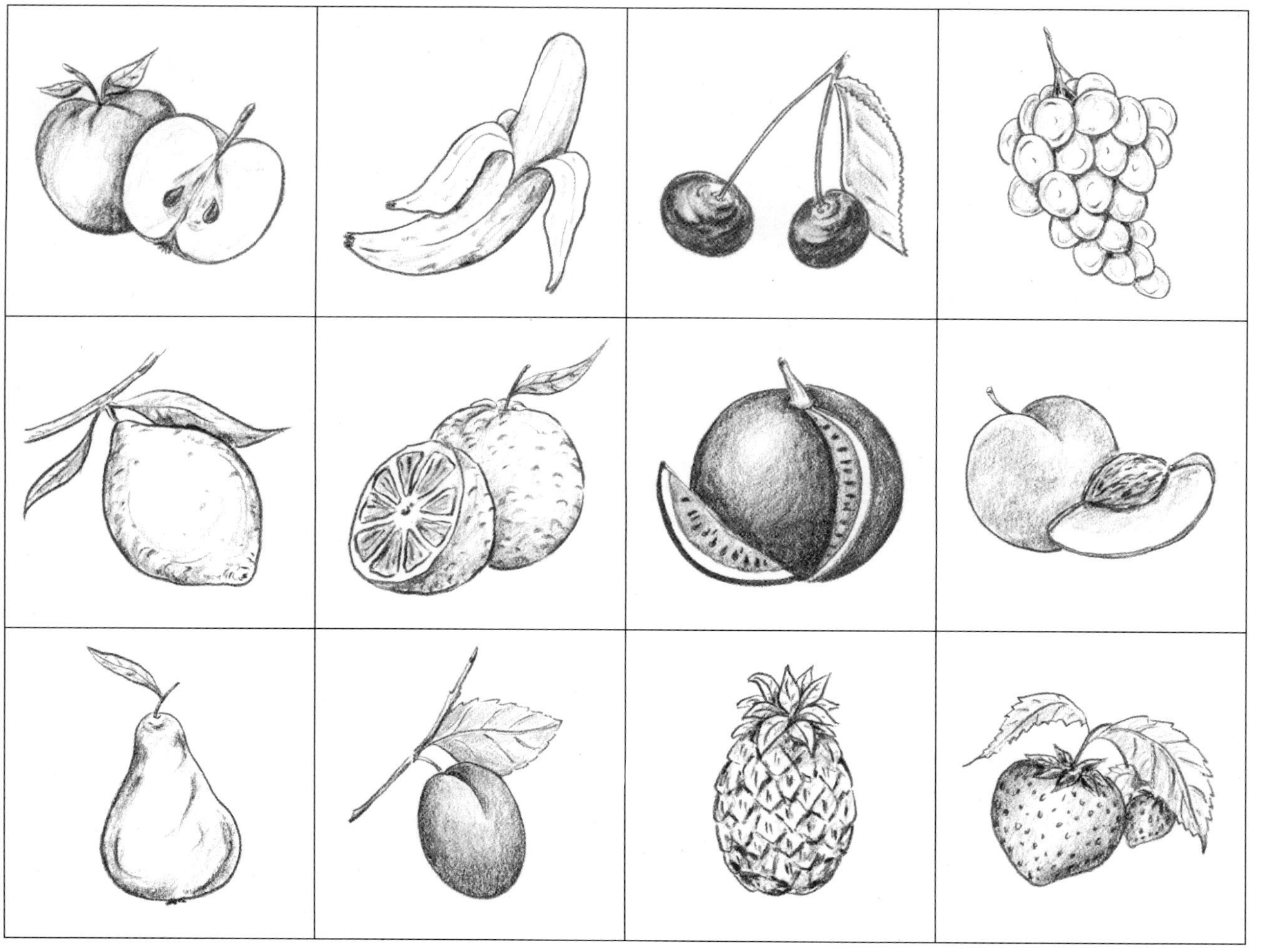

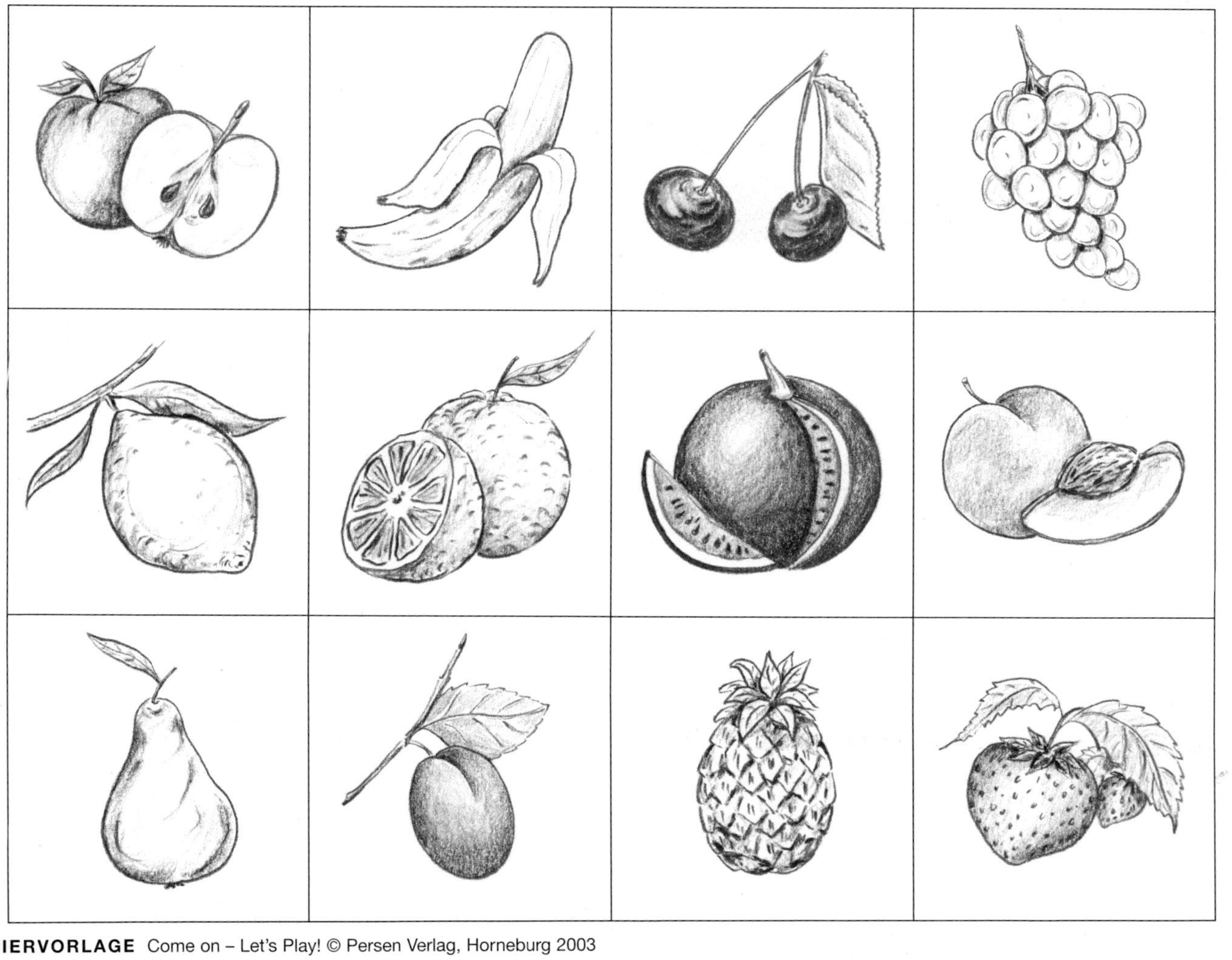

3. 6 Bingo – BINGOKARTEN: toys

Feel it, Smell it, Taste it!

Ziel	Ort	Durchführung	Dauer
Obstsorten wiederholen	Klassenzimmer	Partner/Gruppe	20–30 Min.

Words: *apple, banana, cherry, lemon, strawberry, orange, pineapple, grapes, pear, plum, peach, melon*
Phrases: *It's (an apple).,Yes, it is!, No, it isn't!*

Material je Gruppe:

- ***Feel it***: verschiedene ganze Früchte unter einem Tuch
- ***Smell it***: verschiedene klein geschnittene Früchte in Filmdöschen, in deren Deckel sich Löcher befinden. Auf den Unterseiten der Döschen sind Aufkleber mit den entsprechenden Obstbegriffen oder -bildern angebracht.
- ***Taste it***: Schalen oder Plastikdosen mit verschiedenen Obststücken unter einem Tuch
- Tücher zum Verbinden der Augen

Spielverlauf:

- Die Schüler können die Aufgaben wie in einem Lernzirkel bearbeiten.
- Die Klasse findet sich in Gruppen oder paarweise zusammen.
- Jede Gruppe sucht sich eine Aufgabe, mit der sie beginnen möchte.
- Bei den Aufgaben ***Feel it*** und ***Taste it*** werden jeweils einem Spieler die Augen verbunden. Die anderen Gruppenmitglieder helfen dem Kind mit den verbundenen Augen, indem sie seine Hand zu den Früchten führen oder ihm die Obststücke reichen.
- Das Kind muss die Obstsorten entweder erfühlen, erriechen oder erschmecken und benennen, z. B.: *„It's an apple."*
- Die Mitspieler bestätigen oder verneinen: *„Yes, it is."*/*„No, it isn't."*
- Hat ein Kind eine Aufgabe gelöst, ist ein anderer Spieler der Gruppe an der Reihe.

Tipps und Variationen:

- Alle Aufgaben können auch im Klassenverband gespielt werden. Dabei verteilt der Lehrer die Obststücke an die Schüler.
- Für die Aufgabe ***Smell it*** können anstatt der Obststücke auch Duftöle verwendet werden. Diese werden auf Watte geträufelt. Die Öle riechen intensiver und erleichtern den Kindern das Erkennen.

Fruits in a Basket

Ziel	Ort	Durchführung	Dauer
Obstsorten wiederholen | Hörverstehen	Klassenzimmer	Stuhlkreis	10 Min.

Words: *apple, banana, cherry, lemon, strawberry, orange, pineapple, grapes, pear, plum, peach, melon*

Phrases: *All (fruits) in the basket change their places!*

Material:

- evtl. Bildkarten: fruits (Kopiervorlage, S. 69)

Spielverlauf:

- Die Kinder sitzen im Kreis.
- Jedes Kind bekommt den Namen einer Frucht zugeteilt. Der Lehrer vergibt die Namen der Reihe nach so, dass jede Frucht durch drei oder vier Kinder vertreten ist. Zur Unterstützung können auch Bildkarten verteilt werden.
- Haben alle Kinder einen Obstnamen, beginnt das Spiel.
- Der Lehrer ruft: *„All bananas in the basket change their places!"*
- Daraufhin dürfen die „Bananen" aufstehen und sich einen neuen Platz suchen.
- Dann nennt der Lehrer die nächste Obstsorte.
- Wenn jedoch der Lehrer ruft: *„All fruits in the basket change their places!"*, springen alle Kinder auf und suchen sich einen neuen Platz.

Tipps und Variationen:

- Um die Spannung zu steigern, kann sich der Spielleiter zu Beginn des Spiels in die Kreismitte stellen. Für ihn ist kein Stuhl vorgesehen.
- Ruft er nun den Satz: *„All bananas in the basket change their places!"*, wechseln nicht nur die „Bananen-Kinder" ihre Plätze, sondern auch der Spielleiter versucht einen Stuhl zu bekommen.
- Ein Spieler bleibt übrig. Dieser darf die nächste Obstsorte aufrufen. Dabei sollte es den Kindern freigestellt werden, ob sie im Folgenden den ganzen Satz sagen oder nur den Namen der Frucht.
- Dieses Spiel kann **auch zu anderen Themen** (*animals/toys/colours*) eingesetzt werden.

Have You Got a Banana for Me?

Ziel	Ort	Durchführung	Dauer
Obstsorten wiederholen	Klassenzimmer	Klassenverband	45 Min.

Words: *apple, banana, cherry, grapes, lemon, orange, pineapple, pear, plum, strawberry, peach, melon*
Phrases: *Have you got (a strawberry) for me?, Yes, I have!, No, sorry!, But would you like my (apple)?*

Material je Schüler:

- eine Bildkarte: fruits (Kopiervorlage, S. 69)
- Moosgummi-Quadrat (ca. 4 cm x 4 cm)
- Holzrest
- Klebstoff
- Arbeitsblatt (Kopiervorlage, S. 47)
- Stempelkissen

Material:

- evtl. Handpuppe

Spielverlauf:

- Zur Vorbereitung des Spiels werden zunächst die Obstsorten wiederholt und jedes Kind bekommt eine Bildkarte.
- Der Lehrer oder eine Handpuppe fragt z. B.: „*Have you got a banana for me?*“
- Die Kinder, die die betreffende Karte haben, bringen sie dem Lehrer.
- Hat der Lehrer alle Bildkarten erhalten, werden die Karten neu verteilt und ein Schüler kann die Fragen nach den Früchten stellen.
- Nachdem die Obstsorten gesichert sind, werden Obststempel aus Moosgummi gebastelt: Die Kinder zeichnen ihre Frucht auf ein Moosgummi-Viereck, schneiden sie aus und kleben sie auf einen Holzrest.
- Sind die Stempel fertig, erhält jeder Schüler das Arbeitsblatt mit dem leeren Obstkorb, den es nun mit allen vorhandenen Obstsorten zu füllen gilt: Die Kinder gehen Früchte sammeln, indem sie verschiedene Mitschüler fragen: „*Have you got (an orange) for me?*“
- Ist die Antwort „*Yes, I have!*“, erhält das Kind den entsprechenden Stempelabdruck auf sein Arbeitsblatt.
- Ist die Antwort „*No, sorry!*“, kann der Mitschüler jedoch fragen: „*But would you like my cherry?*“

Tipps und Variationen:

- Dieses Spiel kann **auch zu anderen Themen** (*animals/toys/numbers*) eingesetzt werden. Die entsprechenden Stempelabdrücke können dann auf einem Blankoblatt gesammelt werden.

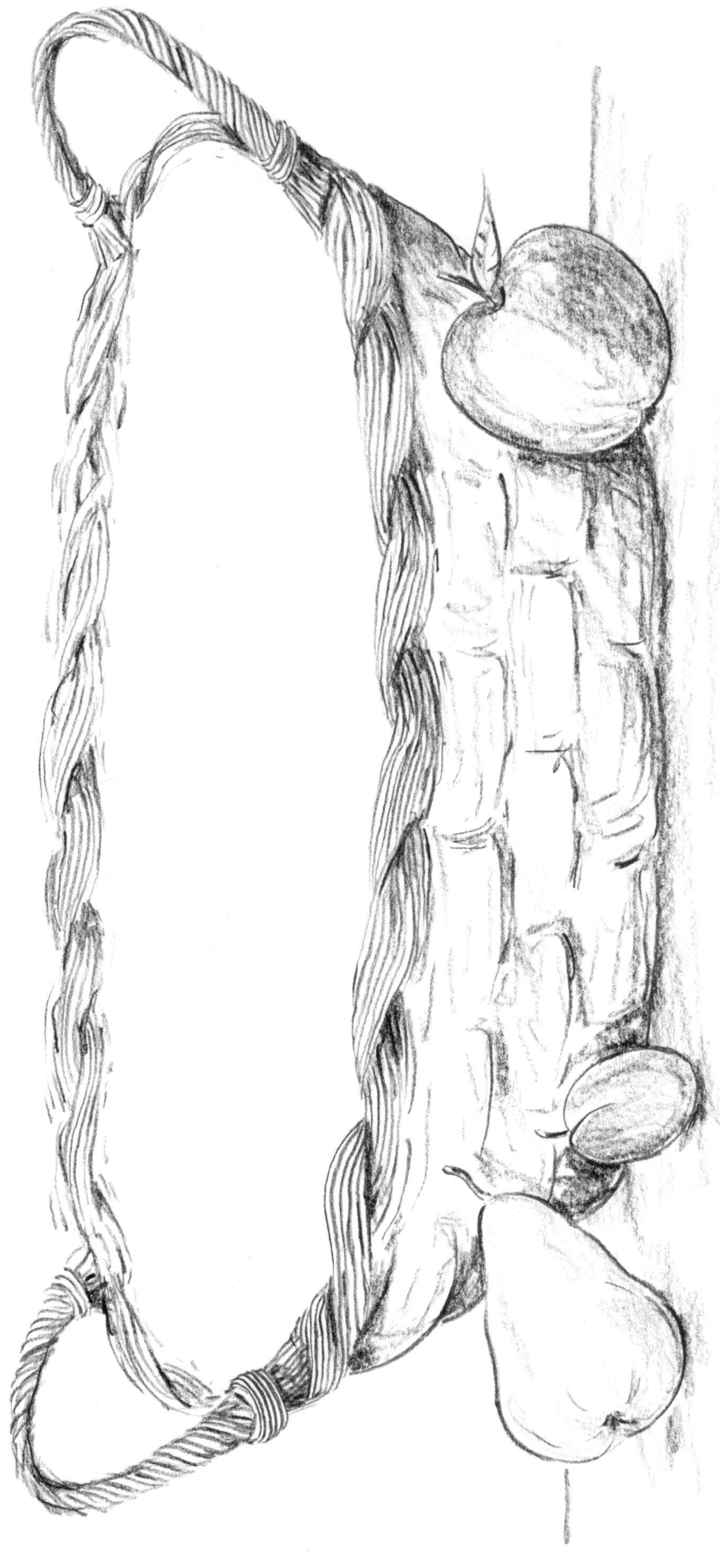

Come Together!

Ziel	Ort	Durchführung	Dauer
Zahlen wiederholen | Hörverstehen	Turnhalle	Klassenverband	5–10 Min.

Words: *one, two, three … eight*
Phrases: *Come together in groups of (three)!*

Material:

- Musik

Spielablauf:

- Die Schüler laufen zur Musik durch die Halle.
- Der Lehrer stoppt die Musik und sagt z. B.: *„Come together in groups of four!“*
- Alle Kinder versuchen sich so schnell wie möglich zu Vierergruppen zu formieren.
- Gewonnen hat die Gruppe, die zuerst vollständig ist.

Tipps und Variationen:

- Das Spiel wird übersichtlicher, wenn die Gruppen eine zusätzliche Aufgabe zu erfüllen haben. Dabei ist zu beachten, dass die Aufträge den Kindern bereits bekannt sind. Solche Aufträge können sein:

  „Come together in groups of two, and sit down on the floor!“

  „Come together in groups of three, and get down on your knees!“

  „Come together in groups of four, and put your arms up!“

Four Corners Game

Ziel	Ort	Durchführung	Dauer
Zahlen benennen	Klassenzimmer	Klassenverband	5 Min.

Words: *one, two, three …*

Phrases: *(Nine) minus (seven) is (two)., (Five) plus (three) is (eight).*

Material:

- keins

Spielverlauf:

- Vier Schüler stellen sich in je einer Ecke des Raumes auf.
- Der Lehrer stellt nun eine Rechenaufgabe, z. B: *„Ten minus three is …“*
- Das Kind von den Vieren, das die Lösung zuerst richtig in die Klasse ruft, darf eine Ecke im Uhrzeigersinn weitergehen, so dass jetzt zwei Kinder in dieser Ecke stehen.
- Gewonnen hat der Schüler, der zuerst wieder in seiner Ecke ankommt.

Der besondere Reiz bei diesem Spiel liegt darin, dass die Kinder die Lösung sofort laut in die Klasse rufen dürfen.

Tipps und Variationen:

- Dieses Spiel kann mit entsprechenden Bildkarten **auch zu anderen Themen** und somit zum Vokabeltraining eingesetzt werden. Jedoch ist darauf zu achten, dass die Karten von allen Kindern gleich gut gesehen werden.

What's My Number?

Ziel	Ort	Durchführung	Dauer
Zahlen festigen	Klassenzimmer	Klassenverband	beliebig

Words: *one, two, three …*

Phrases: *What's my number?, Your number is (ten)., My number is higher/lower.*

Material:

- Tafelkreide

Spielverlauf:

- Der Lehrer gibt für das Spiel einen Zahlenraum vor.
- Ein Schüler denkt sich eine Zahl und schreibt sie versteckt an die Tafel.
- Die Mitschüler versuchen die Zahl zu erraten.
- Dabei gibt der Schüler an der Tafel jeweils den Tipp, ob seine Zahl größer oder kleiner ist als die geratene: „*My number is higher/lower.*"
- Wer die richtige Zahl genannt hat, darf als Nächster an die Tafel kommen und eine Zahl aufschreiben.

Tipps und Variationen:

Die folgenden Varianten sind vor allem im Zahlenraum bis 10 einsetzbar:

- **Variante A** (Partnerspiel):
  Zwei Schüler geben sich die Hand. Einer übermittelt seinem Partner eine Zahl durch Händedruck (z. B. 4-mal drücken). Jetzt fragt er: „*What's my number?*"
  Der Partner antwortet: „*Your number is four.*"
- **Variante B** (Partnerspiel):
  Ein Kind schreibt auf den Rücken seines Partners eine Zahl, die erraten werden muss.
- **Variante C**:
  Die Schüler verstrecken beide Hände unter dem Tisch. Wenn der Lehrer eine Zahl nennt, halten die Schüler entsprechend viele Finger hoch.

Wiggle, Waggle

Ziel	Ort	Durchführung	Dauer
Zahlenmengen bis 10 spüren	Klassenzimmer	Stuhlkreis	5 Min.

Words: *one, two, three … ten*

Phrases: *Wiggle, waggle, clap, clap, clap! How many fingers are on your back?*

Material:

- keins

Spielverlauf:

- Die Kinder sitzen im Kreis.
- Ein Schüler geht in die Kreismitte und kniet sich hin.
- Ein zweiter Schüler kommt dazu und schaukelt ihn sanft hin und her. Dabei spricht er mit der übrigen Klasse den Vers: *„Wiggle, waggle, clap, clap, clap! How many fingers are on your back?“*
- Bei *„How many fingers are on your back?“* drückt der stehende Schüler dem knienden eine bestimmte Anzahl Finger vorsichtig auf den Rücken.
- Der kniende Schüler muss die entsprechende Zahl erraten.
- Danach werden die Positionen gewechselt.

Tipps und Variationen:

- Dieses Spiel kann auch als Partnerspiel gespielt werden. Dabei sitzt jeweils ein Partner am Tisch und legt seinen Oberkörper auf die Tischplatte. Der andere steht hinter dem Stuhl. Gemeinsam sprechen alle stehenden Schüler den Vers und drücken bei *„How many fingers …“* ihrem Partner eine bestimmte Fingeranzahl auf den Rücken.

Toc, toc, toc – It's Twelve o'Clock!

Ziel	Ort	Durchführung	Dauer
Uhrzeiten benennen	Klassenzimmer	Klassenverband	15 Min.

Words: *one o'clock, two o'clock … twelve o'clock*

Phrases: *Number 12, come into the circle!, Number 6, sit opposite number 12!, Number 3 at 3 o'clock!, Number 9, what do you think, where is your place?, What time is it?*

Material:

- 12 Bildkarten: numbers (Kopiervorlage, S. 71)
- leere Flasche
- 12 Stühle als Uhrenkreis

Spielverlauf:

- Der Lehrer verteilt die Zahlenkarten an 12 Kinder.
- Diese Kinder werden nun aufgefordert sich in den Kreis zu setzen: *„Number twelve, come into the circle, please! Number six, sit opposite number twelve! Number three at three o'clock, please! Number nine, what do you think, where is your place?" …*
- Die Schüler legen ihre Zahlenkarten gut sichtbar vor sich hin.
- Ein Kind geht in die Kreismitte und dreht die Flasche. Dazu fragen alle Kinder: *„What time is it?"*
- Zeigt der Flaschenhals z. B. auf Nummer 12, antwortet der entsprechende Schüler: *„Toc, toc, toc – it's twelve o'clock!"*
- Der Schüler mit der Nummer 12 dreht nun wiederum die Flasche und das Spiel beginnt von vorne.

Tipps und Variationen:

- Soll die ganze Klasse in das Spiel einbezogen werden, kann jede Zahl doppelt verteilt werden und die Schüler suchen ihre Partner selbst, indem sie in der Klasse mit ihren Zahlenkarten umhergehen und andere Kinder fragen: *„Is it twelve o'clock?"* Das andere Kind antwortet dann z. B.: *„No, it's nine o'clock./Yes, it's twelve o'clock."*
  Haben sich die passenden Partner gefunden, setzen sie sich hintereinander in den Uhrenkreis und das Flaschendrehen beginnt.

Fox, What Time Is it?

Ziel	Ort	Durchführung	Dauer
Uhrzeiten festigen	Turnhalle	Klassenverband	10 Min.

Words: *fox, rabbit, one o'clock, two o'clock … twelve o'clock*

Phrases: *Fox, what time is it?, It's twelve o'clock, and I'm hungry!*

Material:

- keins

Spielverlauf:

- Ein Schüler ist der „Fuchs". Er steht in der Mitte des Spielfeldes. Die anderen Kinder sind die „Hasen". Sie verteilen sich auf dem Spielfeld in sicherem Abstand zum „Fuchs".
- Die „Hasen" rufen: *„Fox, what time is it?"*
- Der „Fuchs" antwortet mit einer Zeitangabe, z. B.: *„It's two o'clock."*
- Die „Hasen" hüpfen um den Fuchs herum und fragen erneut.
- Wenn der „Fuchs" jedoch ruft: *„It's twelve o'clock, and I'm hungry!"*, versuchen die „Hasen" in einen Schonraum zu fliehen. Der „Fuchs" versucht dabei einen „Hasen" zu fangen.
- Der gefangene „Hase" übernimmt nun die Fuchsrolle.

Tipps und Variationen:

- Die gefangenen „Hasen" werden auch zu „Füchsen" und helfen dem ersten „Fuchs" bei der Hasenjagd. Dabei sollte aber immer nur ein „Fuchs" antworten, um ein Durcheinander zu vermeiden.

What's the Time?

Ziel	Ort	Durchführung	Dauer
Uhrzeiten wiederholen	Turnhalle	Klassenverband	10 Min.

Phrases: *You are one/two … o'clock., What's the time?, It's two/three … o'clock., Come in, please!*

Material:

- langes Seil
- evtl. 12 Bildkarten: numbers (Kopiervorlage, S. 71)

Spielverlauf:

- Das Seil wird auf dem Boden zu einem Kreis gelegt, der die Uhr symbolisiert.
- Ein Schüler wird vor die Tür geschickt.
- 12 Kindern werden die vollen Stunden zugeteilt: *„You are one o'clock, you are two o'clock …"*
- Die Kinder mit den Uhrzeiten 3, 6, 9 und 12 stellen sich sofort auf ihre Positionen.
- Der Schüler von draußen wird hereingerufen und soll nun so schnell wie möglich die Uhr vervollständigen. Dabei fragt er jeweils einen Klassenkameraden: *„What's the time?"*
- Der Schüler antwortet mit seiner Uhrzeit und wird an den entsprechenden Platz auf der Uhr gestellt.

Tipps und Variationen:

- Damit alle Schüler mitmachen können, werden zwei Mannschaften gebildet, die um die Wette eine Uhr aufbauen müssen. Wichtig ist hierbei nicht nur die Zeit, in der die Uhr fertig gestellt wird, sondern auch, ob alle Zeiten richtig zugeordnet sind.
- Um das Spiel schwieriger zu gestalten, werden die vorgegebenen Uhrzeiten reduziert.
- Eine weitere Variante wird so gespielt, dass sich 12 Schüler – für jede volle Stunde einer – im Kreis aufstellen. Diese stellen sich vor: *„It's one o'clock!", „It's two o'clock!" …*

Button, You Must Wander!

Ziel	Ort	Durchführung	Dauer
einfache Fragen formulieren	Klassenzimmer	Klassenverband	5–10 Min.

Phrases: *Show your fists!, Have you got the button?, No, I haven't!, Yes, I have.*

Material:

- großer Knopf
- Lied: Button, You Must Wander! (Kopiervorlage, S. 56)

Spielverlauf:

- Fünf Kinder werden ausgewählt. Sie stellen sich vor die Klasse.
- Die Kinder lassen den Knopf hinter ihren Rücken von Hand zu Hand wandern.
- Dazu singt die ganze Klasse das Lied *Button, You Must Wander!*
- Am Ende ruft der Lehrer *„Show your fists!"*, und alle strecken ihre Fäuste nach vorn.
- Der erste Schüler darf nun raten, wo sich der Knopf befindet. Er fragt z. B.: *„Have you got the button, Laura?"*
- Hat das gefragte Kind den Knopf nicht, muss der erste Schüler eine Aufgabe erfüllen und der nächste ist mit Raten an der Reihe.
- Hat das gefragte Kind den Knopf, kommen fünf andere Schüler nach vorn und das Spiel beginnt von Neuem.

Tipps und Variationen:

- Das Spiel kann auch so gespielt werden, dass alle Schüler einen Kreis bilden und den Knopf wandern lassen. Nur ein Kind steht in der Mitte. Während das Lied gesungen wird, wandert der Knopf hinter den Rücken von Hand zu Hand. Ist das Lied zu Ende, muss der Schüler in der Mitte raten, wo sich der Knopf befindet. Errät er es nicht, muss er nach einer vorher festgelegten Anzahl von Rate-Versuchen eine Aufgabe erfüllen.
- Um das Kind in der Mitte zu verwirren, können fiktive Knöpfe weitergegeben werden.

Button, You Must Wander!

Traditional

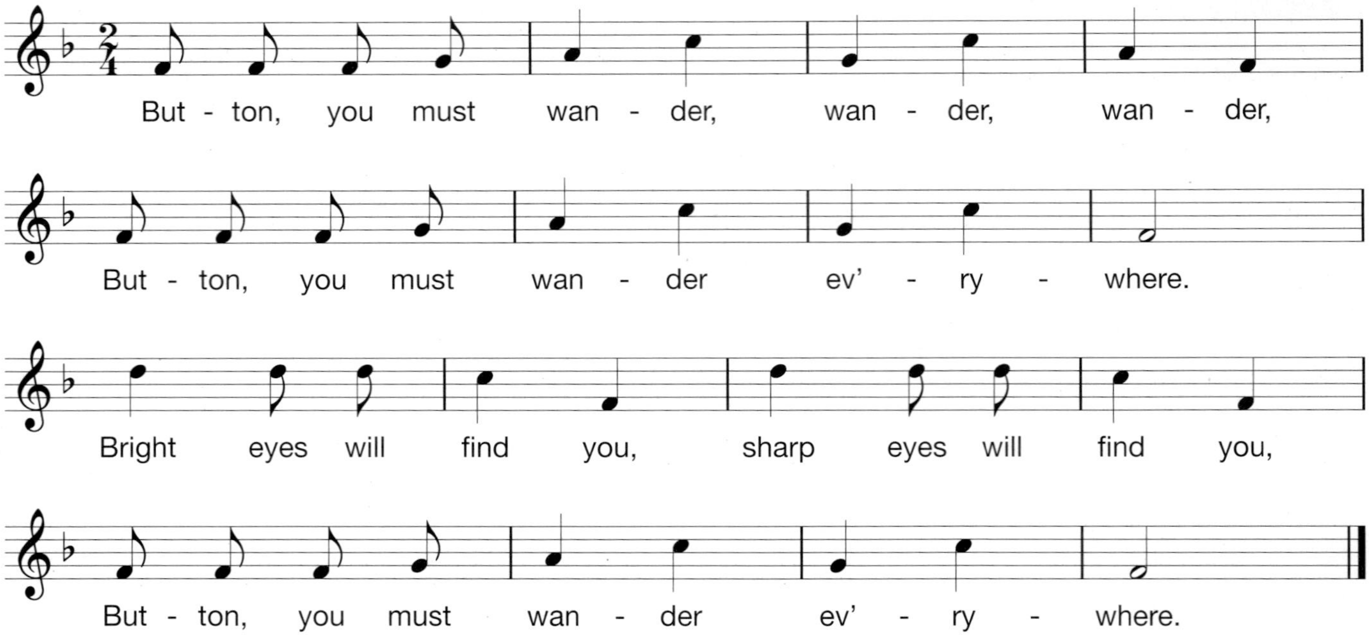

Lucy Locket

Ziel	Ort	Durchführung	Dauer
einen Reim sprechen	Turnhalle	Sitzkreis	10 Min.

Phrases: *Lucy Locket lost her pocket. Kitty Fischer found it. There was no penny in it; but a ribbon round it. Drop it, drop it, drop it!*

Material:

- kleines Säckchen oder Taschentuch

Spielverlauf:

(Das Spiel ist angelehnt an die deutsche Variante „Der Plumpsack geht um".)

- Alle Kinder sitzen im Kreis auf dem Boden.
- Ein Kind läuft mit dem Säckchen außen um den Kreis herum.
- Dazu sprechen alle Schüler den Reim im Chor:

  „Lucy Locket
  lost her pocket.
  Kitty Fischer found it.
  There was no penny in it;
  but a ribbon round it.
  Drop it, drop it, drop it!"

- Ist die Klasse bei der Aufforderung *„Drop it!"*, wird das Säckchen hinter einem Kind fallen gelassen.
- Dieses steht auf, nimmt das Säckchen und versucht das andere Kind zu fangen, bevor es die frei gewordene Lücke erreicht hat und sich dort hinsetzt.

Tipps und Variationen:

- Für Anfänger kann der Reim verkürzt werden. Die Schüler rufen dann nur: *„Lucy Locket lost her pocket. Drop it, drop it, drop it!"*

Ring on a String

Ziel	Ort	Durchführung	Dauer
Wahrnehmung schulen	Klassenzimmer	Klassenverband	10 Min.

Phrases: *The ring is going, I don't know where., Have you got the ring?, You have got the ring!*

Material:

- Ring
- lange Schnur

Spielverlauf:

- Alle stellen sich so im Kreis auf, dass sich ihre Schultern berühren.
- Ein Kind geht in die Mitte.
- Der Ring wird auf die Schnur gefädelt, dann wird die Schnur verknotet. (Die Länge der Schnur sollte dem Kreisumfang angepasst werden.)
- Die Kinder halten die Schnur mit beiden Händen hinter ihrem Rücken.
- Jetzt wird der Ring unauffällig von Hand zu Hand geschoben. Dazu spricht die Klasse im Rhythmus: *„The ring is going, I don't know where."*
- Danach versucht das Kind in der Mitte den Besitzer des Ringes zu erraten, indem es sagt: *„Have you got the ring?/You have got the ring!"*

Tipps und Variationen:

- Um das Spiel zunächst zu erleichtern, sollte die Richtung, in die der Ring wandert, festgelegt werden. Später kann der Ring in beide Richtungen wandern.

Slap, Clap, Snap

Ziel	Ort	Durchführung	Dauer
Konzentration fördern	Klassenzimmer	Stuhlkreis	5–10 Min.

Words: *slap, clap, snap, to*

Material:

- keins

Spielverlauf:

- Alle Schüler sitzen im Kreis.
- Der Lehrer klatscht zuerst langsam den Rhythmus und macht die Bewegungen vor:

  Slap, slap: mit beiden Händen auf die Oberschenkel klatschen,
  clap, clap: in die Hände klatschen,
  snap, snap: erst mit der rechten Hand die Finger schnippen, dann mit der linken Hand.
- Ist der Klatschrhythmus allen geläufig, werden Namen hinzugefügt:
  Beim Schnippen mit der rechten Hand sagt der Lehrer seinen Namen, beim Schnippen mit der linken Hand nennt er den Namen eines Kindes, mit dem es weitergeht, z. B.: „*Mr Miller* (Schnippen mit der rechten Hand) *to David* (Schnippen mit der linken Hand)."
- Das genannte Kind leitet beim nächsten *snap* an einen Mitschüler weiter.

Tipps und Variationen:

- Dieses Spiel kann auch mit Zahlen gespielt werden. Dabei bekommen alle Schüler eine Zahl zugeteilt. Der Lehrer beginnt: „*One* (Schnippen mit der rechten Hand) *to five* (Schnippen mit der linken Hand)." Schüler *number five* macht dann weiter.
- Wer aus dem Rhythmus kommt, den Namen nicht auf *snap* nennt oder „äh" sagt, muss ausscheiden.

What's Missing?

Ziel	Ort	Durchführung	Dauer
Wortschatz trainieren	Klassenzimmer	Stuhlkreis	5 Min.

Phrases: *Come in, please!, What's missing?*

Material:

- Realien eines erarbeiteten Wortschatzes oder Bildkarten (Kopiervorlagen, S. 65–69)

Spielverlauf:

- Die Schüler sitzen im Kreis. Der Lehrer legt verschiedene Realien/Bildkarten in die Kreismitte.
- Gemeinsam benennen die Schüler die Gegenstände und wiederholen so noch einmal die Wörter.
- Ein Kind wird vor die Tür geschickt.
- Ein Mitschüler darf einen Gegenstand verstecken.
- Der Schüler wird hereingerufen und muss jetzt erraten, welcher Gegenstand fehlt.

Tipps und Variationen:

- Dieses Spiel kann auch mit Bildkarten an der Tafel oder auf dem Overheadprojektor gespielt werden.
- Soll jeder Einzelne aktiv am Raten beteiligt werden, können die Kinder die Dinge, die der Lehrer weggenommen hat, aufmalen. Jedoch sollte dafür ein Zeitlimit vorgegeben werden, sonst dauert es zu lange.

Words With Music

Ziel	Ort	Durchführung	Dauer
Wortschatz trainieren | Konzentration fördern	Klassenzimmer	Klassenverband	10 Min.

Words: beliebig

Material:

- Realien eines erarbeiteten Wortschatzes oder Bildkarten (Kopiervorlagen, S. 65–69)
- Orffinstrumente

Spielverlauf:

- Es werden ca. fünf Wörter wiederholt oder neue eingeführt. Dazu werden die entsprechenden Gegenstände/Bildkarten für alle sichtbar ausgelegt.
- Der Lehrer stellt fünf Orffinstrumente vor.
- Die Schüler ordnen nun jedem Wort ein Orffinstrument zu.
- Die Wörter und die dazugehörenden Instrumente werden wiederholt.
- Der Lehrer verteilt die Instrumente an fünf Kinder.
- Die Kinder ohne Instrument schließen die Augen oder legen den Kopf auf die Arme.
- Nun zeigt der Lehrer auf einen Gegenstand/eine Bildkarte.
- Der Schüler mit dem dazugehörenden Instrument erzeugt einen Ton.
- Wer von den anderen Kindern weiß, welches das passende Wort ist, meldet sich und nennt es.

One Minute Game

Ziel	Ort	Durchführung	Dauer
Wortschatz trainieren	Klassenzimmer	Klassenverband	5–10 Min.

Words: beliebig

Phrases: *Come in, please!, Ready, steady, go!*

Material:

- keins

Spielverlauf:

- Die Klasse wird in mehrere Gruppen eingeteilt.
- Von jeder Gruppe geht ein Schüler vor die Tür.
- Sie werden einzeln wieder hereingerufen.
- Die ganze Klasse ruft: „*Ready, steady, go!*“, und jeder hat eine Minute Zeit, Begriffe zu einem bestimmten Thema (*animals/fruits/colours …*) zu nennen.
- Für jeden richtigen Begriff gibt es einen Punkt für die Mannschaft.
- Die Gruppe mit den meisten Punkten hat gewonnen.

Tipps und Variationen:

- Alle Mitglieder einer Gruppe können nacheinander Begriffe nennen.

Classroom Games

Let's play a game together!
What about „Living Memory"?/Shall we play …?
Do you know how to play ...? – So listen carefully!
Let's make a circle and hold hands.
Let's sit in a circle.
Bring your chairs with you! – Take your chairs back to your place!
Who's going to start?/Can you start, please?/All right, you begin.
I need eight children, four boys and four girls.
Who goes out of the classroom? – Come in, please!

One chair is empty.
Sit next to …/Sit down here!/Sit over there!
Change places!
Come in front, please!
Come here!/Go over there!
Go up to a boy/girl!
Now you guess/have a guess!/You have three guesses.
She/He guessed it!
It's your/my/his/her/our turn.
You miss one turn.
Have a try!
Who hasn't had a turn yet?
Who is next?

Close your eyes for a few seconds! – Open your eyes!
Take away two objects/object cards!
Put up your right hand!
Take the ball! – Give it to …/Pass it on to …
Spin/Turn the bottle!
The bottle points to …
No prompting, please!
Move two spaces forward!
Go to number seven!/Go back to number two!
Don't cheat!/No tricks, please!
Come on, hurry up!/Carry on!
There's no hurry./Take your time!
Wait a minute!/Just a second!

Team games

Let's have two teams.
Let's have a competition.
You stand on one side of the playground behind the line, the others are on the other side.
Stand in a line!
Stand behind each other!
Turn around three times!
Go two small steps forward!
The finishing line
You'll get one point./One point for …
You are out.
Team B has got … points./Team B is the winner.

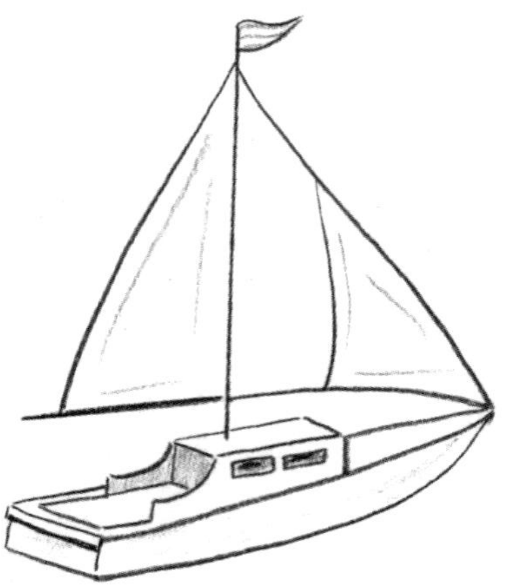

Card games (also Memory)

Take the cards!
Shuffle them!/Mix them up first, please!
Deal them!/Give each player five cards!
Turn the cards over!
Put the cards face back on the table!
Cards of matching objects (Memory).
The first player turns up a picture.
The card doesn't match. – Put the card back!
A pair of cards.
The player with most of these pairs wins.

Praise and encouragement

Fine!/Great!/Lovely!/Fantastic!
Well done!/Very good!/Excellent!/Wonderful!
That's nice/clever/right.
That's good work.
That's a good idea.
That was quick.
That's not bad/quite good/jolly good.
That's much better.
Much better than last time.
That's nearly/almost right.
Try again!
What a pity!
Cheer up!
I like your …
You can do better.

At the end

That's enough for today/now!
That's it for today.
Let's play it next time.

5. 1 BILDKARTEN: toys

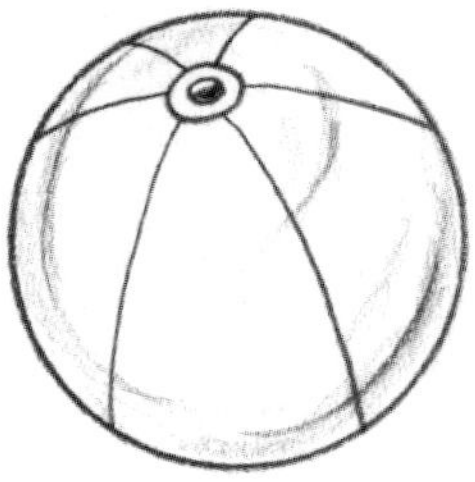		
ball	**train**	**teddy bear**
		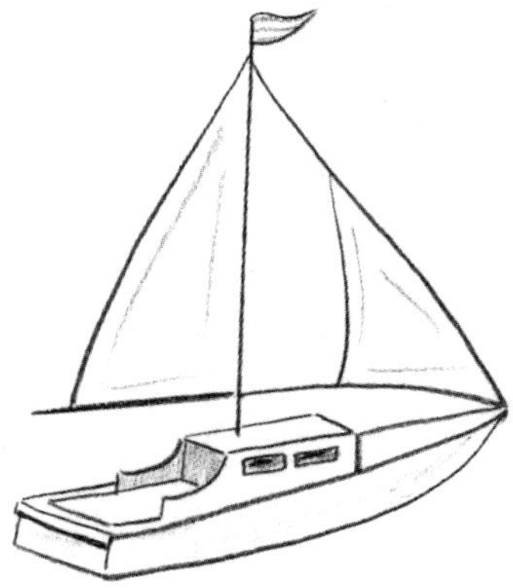
dice	**bike**	**ship**

toy car	**plane**	**doll**

puzzle	**book**	**farm**

5. 2 BILDKARTEN: zoo animals

bear	**elephant**	**crocodile**

giraffe	**lion**	**monkey**
	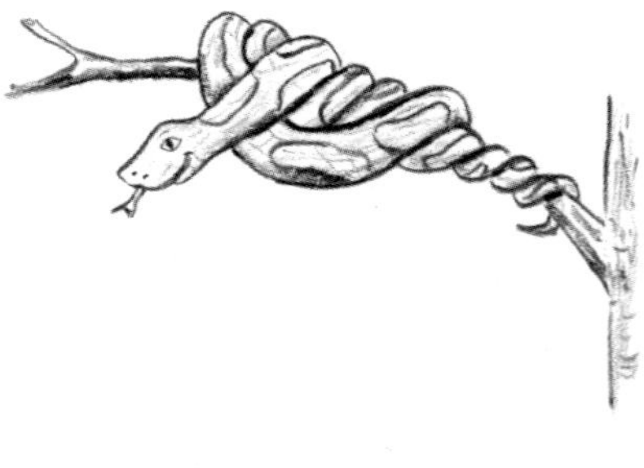	
tiger	**snake**	**zebra**

penguin	**hippo**	**dolphin**

cow

horse

cat

dog

sheep

pig

duck

donkey

goose

cock

hen

turkey

5. 4 BILDKARTEN: pets

bird

cat

dog

fish

hamster

turtle

guinea-pig

mouse

parrot

5. 5 BILDKARTEN: fruits

apple

banana

cherry

grape

lemon

orange

melon

peach

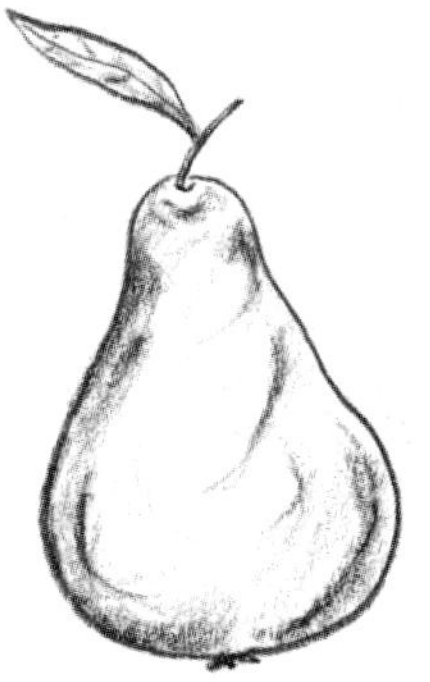

pear

strawberry

plum

pineapple

5. 6 BILDKARTEN: colours

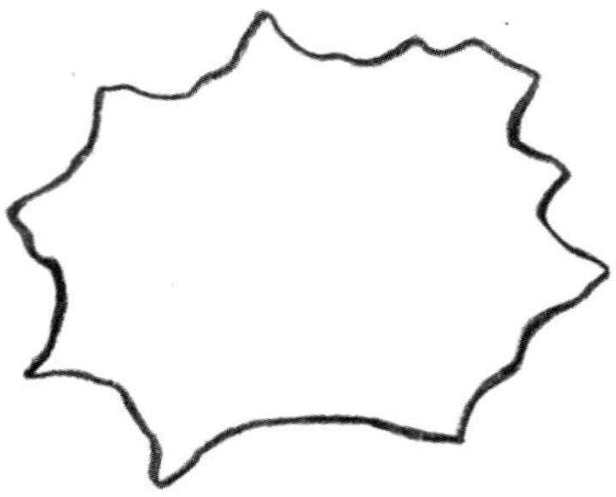

blue

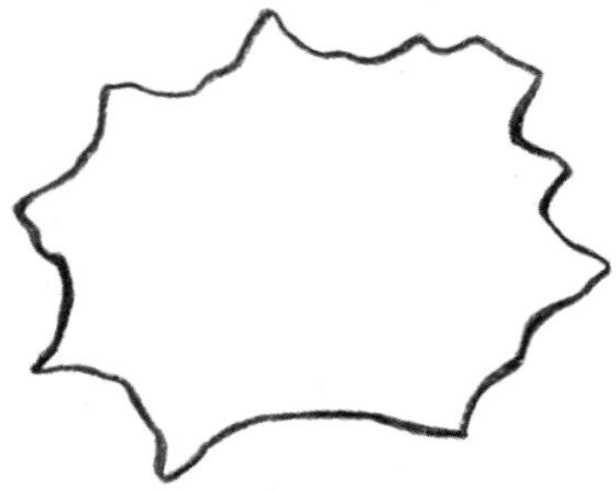

green

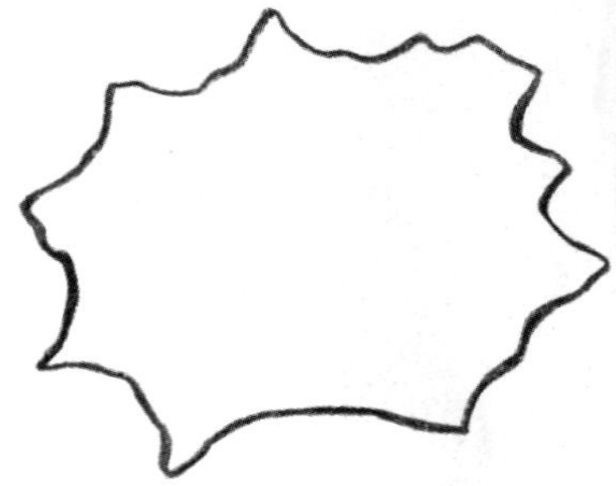

red

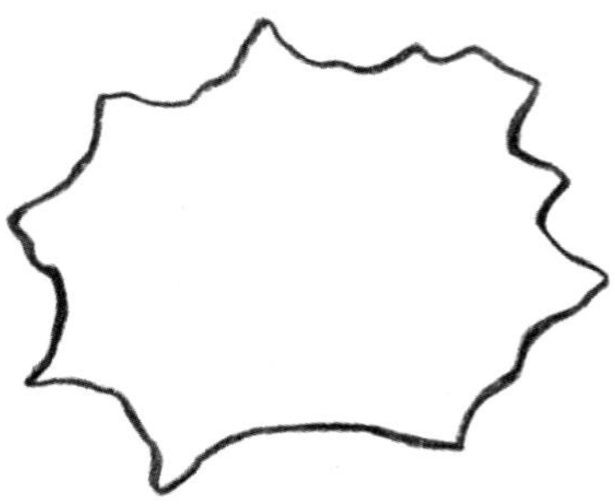

yellow

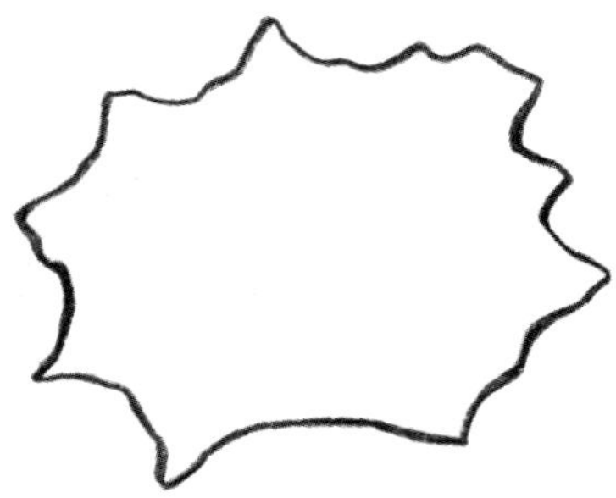

black

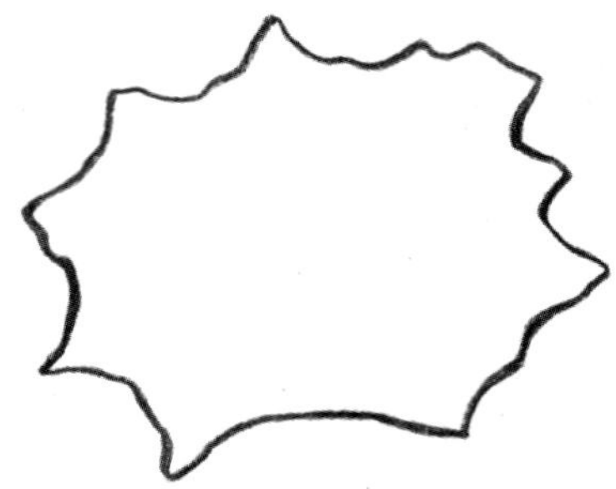

brown

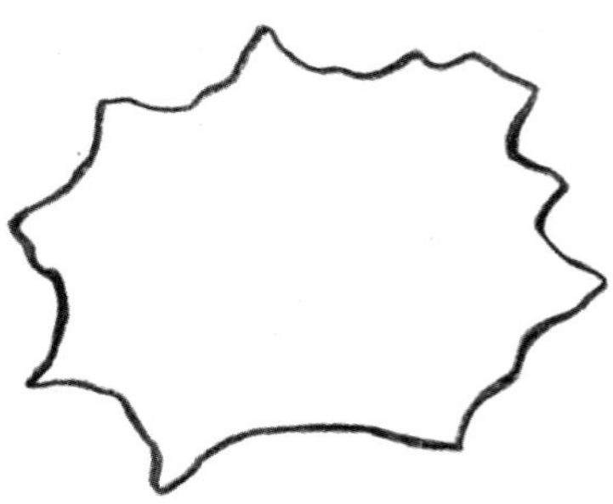

pink

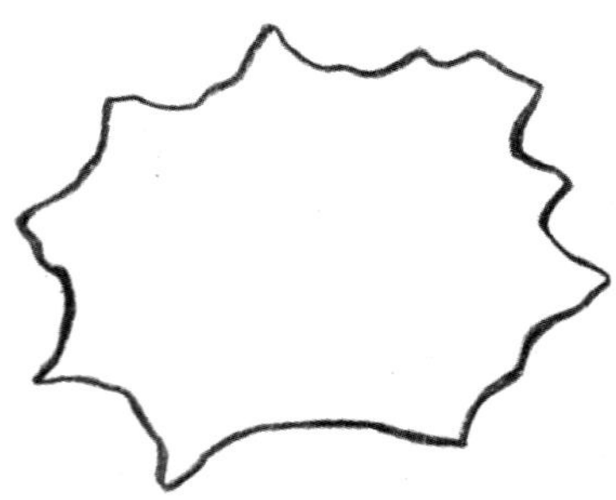

orange

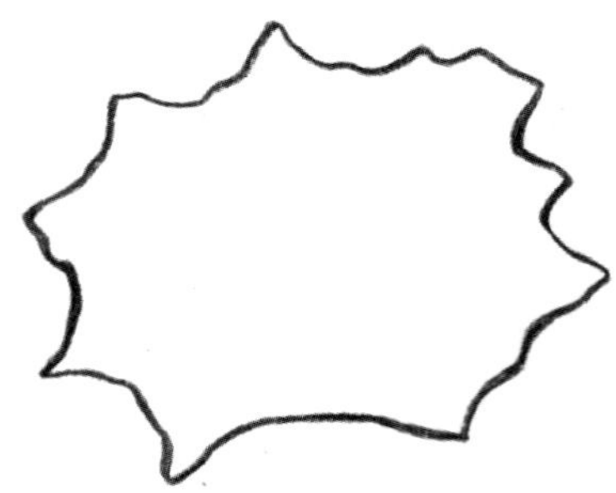

white

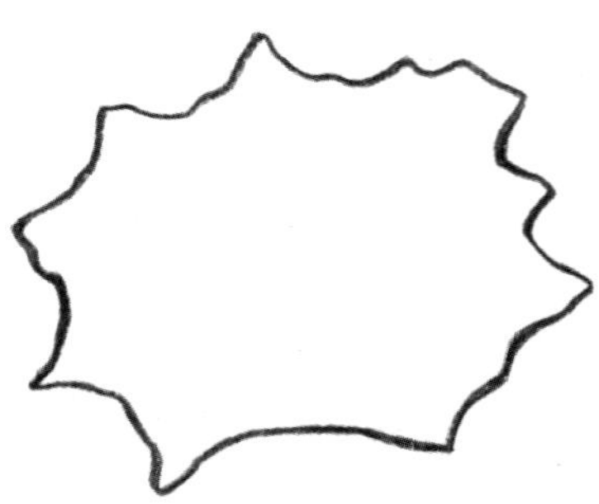

grey

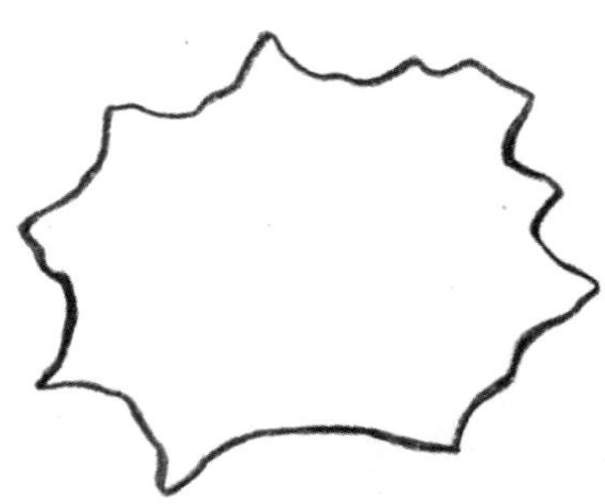

purple

1	2	3
one	two	three
4	5	6
four	five	six
7	8	9
seven	eight	nine
10	11	12
ten	eleven	twelve

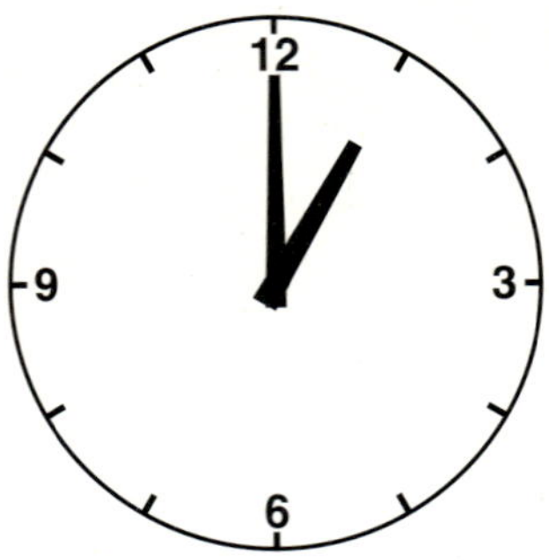

one o'clock

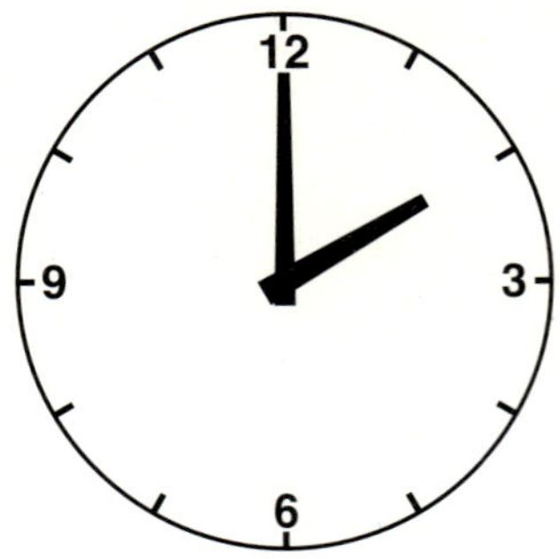

two o'clock

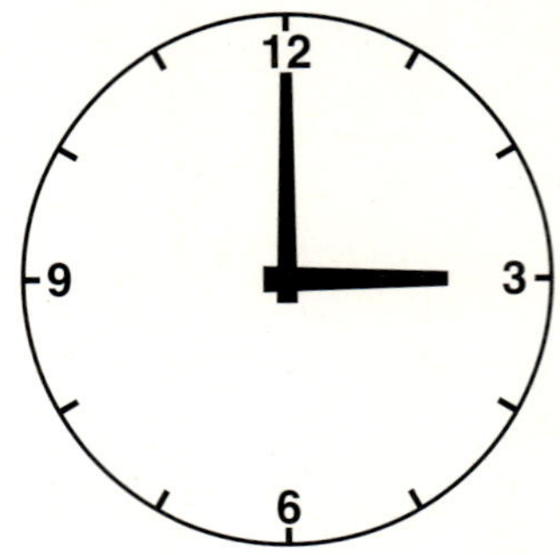

three o'clock

four o'clock

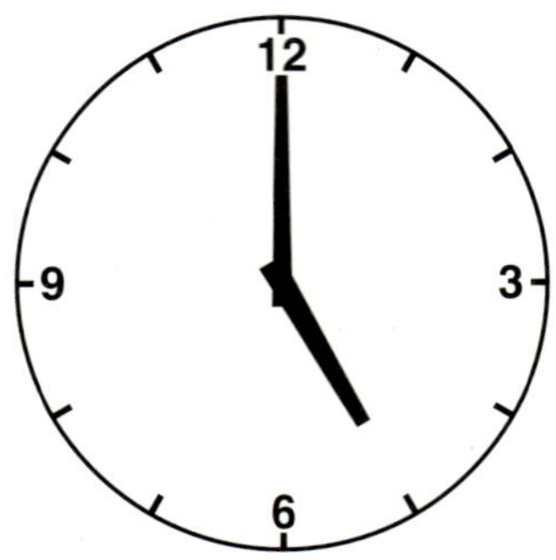

five o'clock

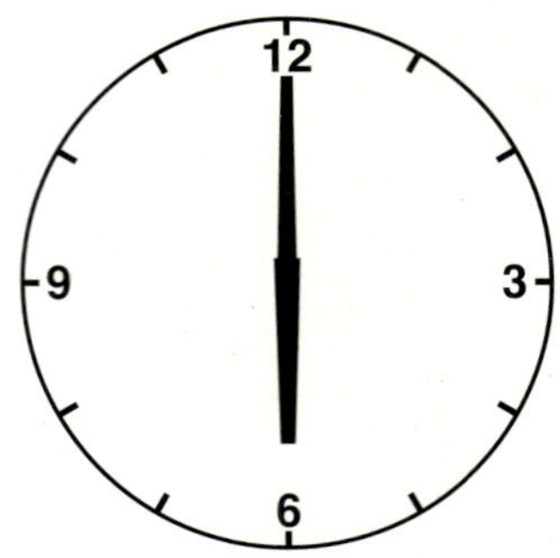

six o'clock

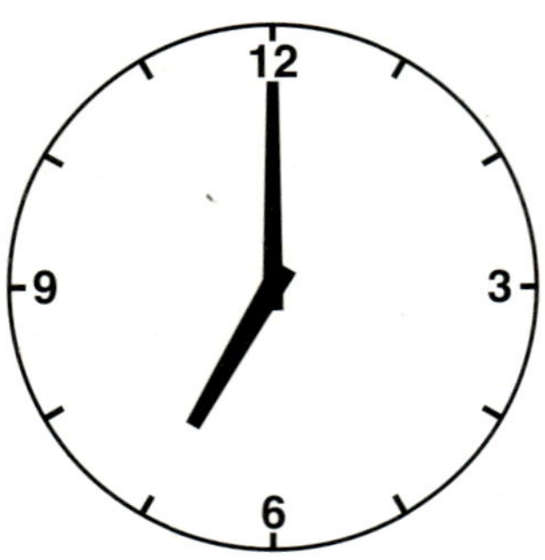

seven o'clock

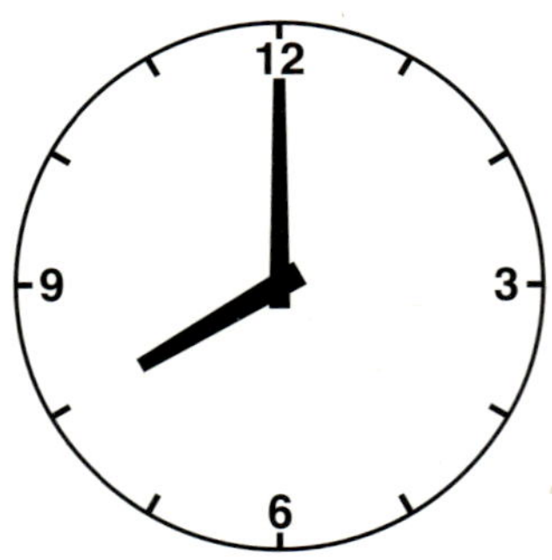

eight o'clock

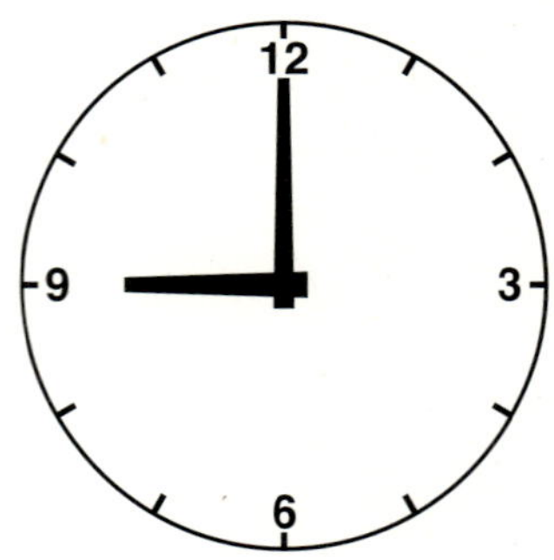

nine o'clock

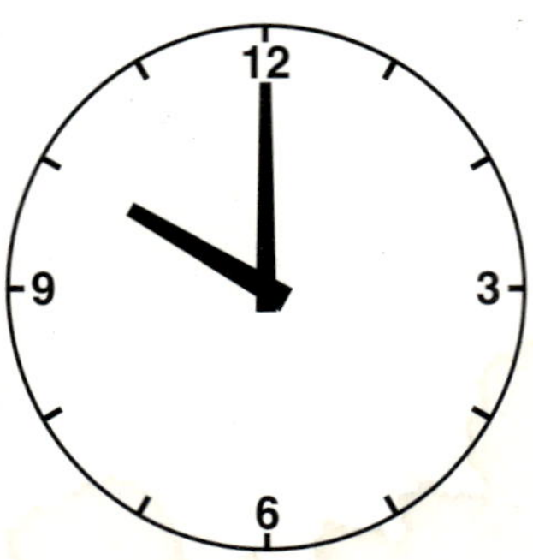

ten o'clock

eleven o'clock

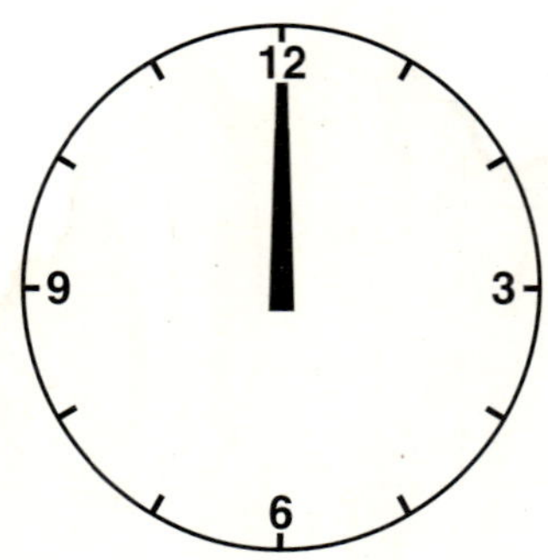

twelve o'clock